婚姻解惑

幸福婚姻揭秘

史茂义◎著

中国社会出版社
国家一级出版社★全国百佳图书出版单位

图书在版编目（CIP）数据

婚姻解惑：幸福婚姻揭秘/史茂义著．—北京：中国社会出版社，2013.6
ISBN 978-7-5087-4447-6

Ⅰ.①婚… Ⅱ.①史… Ⅲ.①女性-婚姻-通俗读物
Ⅳ.①C913.13-49

中国版本图书馆CIP数据核字（2013）第109477号

书　　名：婚姻解惑
著　　者：史茂义
责任编辑：杜　康

出版发行：中国社会出版社　**邮政编码：**100032
通联方法：北京市西城区二龙路甲33号
电　话：编辑部：（010）66032739
邮购部：（010）66081078
销售部：（010）66080300　（010）66085300
（010）66083600
传　真：（010）66051713　（010）66080880
网　　址：www.shcbs.com.cn
经　　销：全国各地新华书店

印刷装订：中国电影出版社印刷厂
开　　本：160mm×230mm　1/16
印　　张：15
字　　数：180千字
版　　次：2013年7月第1版
印　　次：2013年7月第1次印刷
定　　价：32.00元

前言
FOREWORD

今年是我钻进女人堆里的第九个年头，工作的需要，我不断研究女人的行为、心理以及她们的爱恨情仇。早就想写点什么，把这么多年看到的、感受到的总结一下，但一直忙于工作，始终没有开始，也许这只是借口，总之是没有落笔。昨天突然心血来潮，或许是因为在地铁上翻阅了一些手机书籍刺激了神经，今日终于决定下笔，希望这次能真正下定决心。

“史老师，我应该怎么做?”这句话是我这么多年听到最多的一句话，各种情绪下的一句话，平平淡淡、高傲、伤心流泪、悲恸欲绝、怀疑、肯定……是女孩或女人在同我沟通爱情婚姻话题中的一句话，无论抱着怎样的态度，这都是她们生命轨迹的遗留。

婚姻，不知道你看到这两个字，会联想到什么？如果此刻你闭上眼睛，在你的大脑里出现的画面是什么？婚纱照？携手看夕阳？还是看着对方冷冷的背影？还是……为什么你浮现的第一幅画面会是这个？是期望还是记忆？

去年看报纸，广东离婚率49%，虽然一直关注全国这个数据，但每次看到还是心情不太好，说实话挺吓人的。离婚会造成的后果，我们都知道。明明知道，还要离婚，为什么？大部分离婚的两个当事人都是恨对方的，甚至杀了对方的心都有，“一日夫妻百日恩”，从离婚当事人身上却很难看得到。难道他们真的就没有一点点感情了吗？哪怕是对陌生人的那种宽容。那些还没有离婚的人们，就激情四射、恩爱如初吗？婚姻如同身体，身体用的时间长了，会有亚健康。婚姻经历了时间，也会有亚健康。身体的亚健康不注意就会生病，婚姻的亚健康不去理会，便会走向破裂。

为什么有钱女人的老公更容易出轨？为什么有些男人不愿意回家？为什么你会感觉老公跟你说话的声音那么大？为什么有些男人不愿意带老婆逛街？为什么你明明发现他有心思，他却说没什么？……这些困惑你遇到了吗？你知道这是为什么吗？到底是女人错了，男人错了，还是双方都错了？你是否正处于困惑之中，也许你能在本书中找到答案。如果你没有困惑，那么你在本书中可以学到更多关于爱的技巧。如果你只是在恋爱还没有结婚，那么阅读本书你可以了解如何经营婚姻。如果你还没有谈恋爱，通过这本书你可以学到如何找到合适自己的另一半。

该书涉及一些心理学知识，目的是能够让读者看清事情的本质。看书的时候，如果你能想象我们在对话，或者想象你在听我说话，这样书中的很多内容就能更加融入你的生活，深入你的心灵。如果遇到需要参与的部分，希望你能够参与进来，光看是不知道好与坏的，也不知道是否适合你，就像买衣服一样，衣服好看不好看，是否合适你，你得穿上试试才知道。同样的道理，我们不要感觉书里有什么，“穿”上后看自己能用上什么，让自己静下来，准备好了，让我们一起走进男女那些事……

每本书的出版，都离不开众多幕后英雄的支持。本书从策划开始，就得到了牟晓丽、张朝贵、钟翠芳、牛晓玲、牛领辉、王帅、张昀明、陈宇峰、王义龙、赵菁、张静娴、张玉雄、张燕等人的帮助，他们为本书的创作提供了大量宝贵的资料和建议，在此一一表示感谢。

2012. 12. 28

写在前面的话

讨论异性是人们不厌的话题

自从我们情窦初开的那一刻起，我们的话题中就少不了讨论异性。中学男生宿舍里在讨论什么？女生宿舍里在讨论什么？大学宿舍里的少男少女们在讨论什么？成年男人的聚会话题还是离不开女人，女人堆里也少不了对男人的评价。社会的发展，让那些还没有发育成熟的小学生也说着男男女女的事，就连我五岁的女儿偶尔都会说她们幼儿园哪个男孩儿酷毙了。男人与女人的确不一样，生理不同，心理不同，除了都叫人，应该其他的都略有不同。连头顶的那几根毛发都弄得男女有别，贴上了男女的标签，男人扎个辫子一般人觉得这人另类，女人推个寸头会有人说她是假小子。好不容易长了同样的两只眼睛，女的还要装饰得五颜六色，连个嘴巴都要漂来漂去。正是这种本来的不一样和努力制造的不同，不断地论证着“阴阳学说”从来都是对的，也为男女结合提供了“阴阳平衡”的理由。

男人是大男人　女人是小女人

也许有人会说：都什么年代了还说这样的话。没错，社会的进步让男人做了很多女人的事，女人也可以做很多本来属于男人的事。可是做了“大女人”的经常会说“我也想做个小女人”，做了“小男人”的也会说“毕竟我是个大男人”。在“大男子主义”被批判的社会里，“小女人”们努力地撑起了半边天，不断地教育男人要做“模范丈夫”，在“幸福”两个字面前，模范了就等于幸福了吗？在“婚姻”两个字面前，模范了就等于不离婚了吗？真值得我们好好思考。从骨子里看，我们不难发现，男人都有大男人的情结，女人都有小女人的本性。

之所以男人是大男人，女人是小女人，跟从小生长的环境有密切的关系。我们来打个比方：一个三岁的男孩跟一个三岁的女孩打架，谁更厉害一些？男孩更厉害吗？从生理发育的情况来看，在小的时候女孩比男孩要发育得快一些，大多是女孩更厉害一些。而大人看到上述情形大多的举动都是把女孩抱起来，还要对着男孩说：“你是个男子汉，怎么能欺负小妹妹呢。”这个时候被大人抱着的女孩哭的声音更大了，好像受了多大的委屈。慢慢的男孩就记住了，哦，我是大男人；女孩也记住了，我该受保护。所以长大后，长得再瘦、个头再小的男孩都满世界在找，我来保护谁？长得再壮实、再高大的女孩也会满世界在找，谁来保护我？

女人总希望能够找到生活中细心体贴，下厨房带小孩，在事业上又充满斗志的男人做老公，一个本性充满斗志的男人，每天下厨房带小孩，五年、十年后他的斗志还有吗？那还真的不好说，我想生活中琐碎的事情，也许会把人的斗志磨平，磨平了斗志的男人又会被扣上“窝囊”的帽子，女人的语言里也会渐渐地多了“你还是不是个男人”这类的话。

女人最爱听的三个字

女人最爱听的三个字是什么？大概就是“我爱你”。要不怎么老是问男人“你爱不爱我？”“老婆，我爱你。”这句话真的挺好听，有时听挺幸福，有时听还挺感人，很多女人看到别人的老公对他的老婆说“我爱你”时都很羡慕，回去就问自己的老公“你爱我吗?”老公面无表情随意回答了一句“爱”，“那你说‘你爱我’。”男人眉头一皱：“老夫老妻的啦，还这么肉麻干吗?”“老公，你就说一句嘛。”“噢，爱、爱、爱、行了吧。”“你就不能主动地好好说一次?”“爱是放在心上的，不是挂在嘴上的。”多少次这样的对话让女人以郁闷收场。很多人，活了一辈子都没有听老公跟自己说过一次：我爱你。

一次，在重庆讲完课，跟一位56岁的女士聊天，也许是敞开心扉，她对我说了很多很多关于生活中的点点滴滴，说了很多关于她老公的事情，最后告诉我，“我就是你讲课时说的那种一辈子都没听到过老公说‘我爱你’的那种人”。说这话的时候她在笑，在憨憨的笑容背后我能够感觉到她也希望听到老公的那句“我爱你”。记得当时我突然鼻子酸酸的，因为我知道“我爱你”这三个字对女人来说有多重要，但我没有同情她，因为我也知道，为什么她老公一辈子没有对她说过这三个字。

为什么有的老公经常会对自己的老婆说“我爱你”，而有的老公却不说?女人喜欢听的一句话是“我爱你”，那男人喜欢听的一句话是什么?如果女人从来不对男人说他喜欢听的那句话，男人又怎么会对女人说女人喜欢听的话呢?男人跟女人不一样，“我爱你”对男人的心灵没有触动，甚至一个女人不断地跟男人说“我爱你”，男人都会觉得很烦。尤其已经是老夫老妻了，老婆要是对老公说一句“我爱你”，我想她老公的鸡皮疙瘩都会掉一地。老婆能够触动男人心灵的一句话应该是“老公，我支持你”，其实男人听不到老婆这句话也挺懊恼的，天天就知道说男人这不行、那也不行的女人，我想她老公肯定都恨死她了，怎么还会跟她说“我爱你”呢!

男人重面子，女人重感情

芸芸众生，男男女女，每个人活着都有一个理由，吃饭是为了活着，但活着绝对不是为了吃饭。也许每个人活着的理由都不尽相同，我们也试着探索有无男女之别。答案是肯定的。男人和女人活着所做的一切，都是为了逃避痛苦追求快乐，但是实现这个理想的途径是有区别的，也就是情面的区别。情面中，男人更要面子，女人更重感情。其实这个道理很多人都懂。可是怎么给男人面子，如何给女人感情呢？

我有个朋友一次喝醉了酒跟我说：“其实哥们儿一直都挺郁闷的，你不要看我老婆在你们面前挺给我面子的，回家后哥们儿就是个孙子……”朋友说了很多，我听明白了，他老婆跟他说“在外面可以给你留面子，回家了都要听我的”，他对这个落实得很到位的规定郁闷呢。事实上，女人大多不知道男人想在哪里要面子，不是在外面，不是在朋友的面前，男人更在乎的是在老婆心里的那个“面子”。男人们在外奔波、辛苦赚钱的时候，谁会给他面子，没有人会给，可这无所谓，只要老婆离不开自己，觉得自己是个男人，觉得自己是家里的顶梁柱就可以了，就满足了。

其实男人在家里更要面子，在老婆的心里面更要面子。笨女人，天天跟自己的老公说：“离开你，老娘照样活”，事实上真的离开老公会哭得死去活来。而聪明的女人，就是自己再有赚钱的能力，甚至离开这个男人自己可能会生活得更好，但她们的嘴上也会说：“老公，离开你我可怎么活呀。”女人们在外面给男人的那点面子，是自私的，那是给自己面子，让别人认为自己多么的开明，多么的知书达理。在外面给男人面子，最多只能换来一块“里子”，而在心里给男人面子，却可以换来一片天。

相比男人重面子，女人更重感情，许多时候这个事实都被蒙上了一层纸，男人们不太看得清。很多时候，男人辛苦打拼，没日没夜，在飞黄腾达的时候，都会给自己所爱的人一切物质上的满足，随便花的钱、宽敞的别墅、豪华的轿车，就是有时候忘记了回家，让被爱着的女人独守空房，这样的女人是不开心的。试想一个情景，一个没有太多钱的男人，下班回家，打开房门，老婆正在厨房做饭，男人轻轻地走到老婆身后，从后面温柔地抱住她，在她耳边说："老婆，辛苦了。"或许女人都会被感动出两眼泪花，掉几滴到锅里做幸福的"调料"。

原来男人比女人更爱美

女人爱美，更喜欢比别的女人漂亮，男人爱女人美，更喜欢自己的女人比别人的女人美，一对男女朋友走在街上，对面走来另一对男女，女人一般先看对面的女的，然后再看随行男士，男人也是先看女的再看男的。女人是在比较自己跟那个女人谁更漂亮，男人也在比较自己的女人和别人的女人谁漂亮。所以人们见到女人都在夸她漂亮，无论真漂亮还是假漂亮，女人们的心里还是挺开心的。经常跟当了奶奶的女士聊天，我总少不了这样一句话：能看得出来，您在年轻的时候一定是个美女。

男人其实也喜欢被夸奖，比女人有过之而无不及，但不是夸他帅气，你夸他帅气不能起到像女人被夸漂亮后的效果，他也就是哈哈一笑，不会往心里去，大多数男人喜欢被夸有能力有才华，说得通俗点就是："哇，你好厉害呀！"

人一般都喜欢和经常夸奖自己，并且夸奖到心里去的人在一起交往。如果我们放在婚姻中来讨论这个问题，不难得出这么一个答案，夫妻之间在一起要保持长久的愉悦，夸奖对方也是不可缺少的，尤其是女人也要善于夸奖自己的老公，不要老是抱怨你的男人。如果你的老公修好了水龙头，你跑过去抱着你老公说："老公，你太厉害啦，要是让我弄，估计我两个月都弄不好，你两分钟就搞定啦。"接下来，你老公没有道理不捏着你的小脸眉开眼笑地对你说："看你这个傻样。"

男人那颗不安分的心

男人都有颗不安分的心，不能用好与不好来评判，只能归为天性，也许你能感觉到，也许他会掩饰得很好。

你问老公：“老公你喜欢我吗？”

他回答：“喜欢。”

“你喜欢我哪里？”

“哪都喜欢。”

“可是我有点黑哦。”

“我就喜欢黑的，黑一点健康。”

“可是我有点胖哦。”

“我就喜欢胖的，胖点儿性感。”

他的话你信吗？反正我是不信，我不信他不喜欢嫩白的皮肤，不信他不喜欢魔鬼的身材。这段对话能说明两个问题：一是女人的问题很难回答，二是男人喜欢睁眼说瞎话。

如果在条件允许的情况下，男人不安分的心就会“心率失常”，跨越婚姻的墙，去找第二个女人。世界上也许只有两种男人不会找别的女人：一种是还没有能力养第二个女人；一种是老婆很有智慧，善于掌控男人。希望接下来的某些内容对你能够有所启发。

目录
CONTENTS

第一章

什么是爱情？什么是婚姻？

在生活中，爱情与婚姻的话题总是被人们不停地讨论，有人说婚姻是爱情的坟墓，也有人说婚姻是爱情的延续。可我却认为爱情偏向感觉，而婚姻偏向现实，在感觉里人们可以爱得死去活来，但在现实中没有一个人敢说自己真正懂得爱情，或是看透了婚姻。而至于婚姻是爱情的延续也好，或婚姻是爱情的坟墓也罢，那只不过是当事人的体会而已。在我看来，要从对爱情婚姻抱有的信念，对爱情婚姻持有的态度，对爱情婚姻结果的理解三个方面来解读。

第二章

隐患早已存在，不管你看没看见

很多人婚后出现种种问题，总喜欢归咎于结了婚以后怎么怎么着，却很少考虑结婚以前是否留下了隐患，而大多婚后的问题，和婚前的选择是密切相关的。

第三章

健康的婚姻需要经常做“体检”

当人们到医院检测出疾病的时候，总是抱怨上天对自己不公平，却很少考虑自己平时是如何虐待自己的身体，熬夜、抽烟、喝酒等，事实上在生病之前身体会有提醒，比如说疲劳、抑郁。当一段婚姻走到尽头前，我们不要抱怨选择错了，是我们忘了给婚姻体检。

第六章

我们能不能不离婚

在讲离婚因素和离婚高危期之前，先让我们来考虑一个问题，人为什么要结婚？也许我们根本没有考虑过这个问题，或许我们会说人本来就是要结婚的嘛。没错，结婚似乎是人的本能需求，人类发展历程中，男女经历过多种形式的组合，从单纯的性需求，发展到氏族部落，人们的需求更加复杂。也就是说，人之所以结婚就是为了满足欲望，欲望是会膨胀的，欲望也会随环境、地位、阶段不同而改变，这样我们就不难理解离婚的因素了。其实根源就是一方的欲望不能在婚姻中得到满足。

第七章

婚姻有病就得治

既然我们说婚姻如同身体会出现疾病，也会出现亚健康，有病自然就要治疗。可惜有些人身体出现不适，却拒绝到医院治疗，认为自己能扛过去或者是小毛病无须治疗。在婚姻疾病中，也会有那么一部分固执的人总是会说“没办法的”，来拒绝让婚姻健康。在进入婚姻全息疗法之前，我们先来端正一个态度，不是说有没有办法，而是要不要改善，没办法是自己认为的，是自己的能力问题，而要不要改善却是一个人的态度问题。

第八章

建立婚姻免疫系统："十二前提假设"在婚姻情感中的使用

人体的免疫系统是人体抵御病原菌侵犯最重要的保卫系统，提高人的免疫能力对健康来说远比治疗更有意义。对于婚姻来说建立"免疫系统"同样重要，因为婚姻也会受到"病毒"的侵袭，社会发展越快，"病毒"越猖獗，种类越繁多，而且越来越顽固。婚姻免疫系统是NLP（神经语言学）中的"十二前提假设"的使用。"十二前提假设"是NLP概念及技巧的基础，我们在思考或者应对事情的时候，可以假定人、事、物的关系就是这些"前提假设"中所说的一样，然后凭这些假定去设计自己的思考方向和应对措施。在任何情况下都可以使用，当然在处理婚姻关系时也不例外，在婚姻情感里使用这个方式，你会发现思考和行为的效果更好。如果可以反复地运用，我们便不容易陷入困惑。

第九章

多为婚姻准备些保健品

保健品，顾名思义，是用来保健所用。如果生病了选用保健品自然很难达到疗效，如果只是为了保健，保健品的功能可能比治疗手段更加有效。一个人在没有生病的时候，是没有办法治疗的，但没生病不代表你就是健康的，没生病不代表你身体机能是完好的。多数人没有疾病，但处于亚健康，这个时候就可以选用保健品来进行保养，以求预防疾病的形成。婚姻也是同样的道理。本章给大家推荐几种婚姻“保健品”，也许你感觉不到效果，但它却在默默发挥着作用。

第一章
什么是爱情？什么是婚姻？

在生活中，爱情与婚姻的话题总是被人们不停地讨论，有人说婚姻是爱情的坟墓，也有人说婚姻是爱情的延续。可我却认为爱情偏向感觉，而婚姻偏向现实，在感觉里人们可以爱得死去活来，但在现实中没有一个人敢说自己真正懂得爱情，或是看透了婚姻。而至于婚姻是爱情的延续也好，或婚姻是爱情的坟墓也罢，那只不过是当事人的体会而已。在我看来，要从对爱情婚姻抱有的信念，对爱情婚姻持有的态度，对爱情婚姻结果的理解三个方面来解读。

爱情是情感寄托，婚姻是资本交换

2010 年冬天，河北省石家庄市某酒店发生了一起分尸案，事发第二天凶手被抓获。受害人是凶手的女朋友，两人是大学恋人，恋爱了将近三个年头，感情一直很好，毕业后顺理成章地发展到谈婚论嫁阶段。可就在事发前一两个月，有一天女孩跪在男孩面前撕心裂肺哭着求男朋友分手，两人都哭成了泪人，任凭男孩苦苦哀求都不能打动女孩，接下来一个多月，男孩做了各种努力都于事无补。有一天男孩说："我们在一起三年了，能够到现在真的很不容易，发展到现在我真的很伤心，我知道这不是你的意思，我知道你是爱我的，我也一如既往地爱你，我想开了，既然爱你就应该放开你，让我再爱你最后一次好吗?"于是两人约定在某酒店"爱"对方最后一次。第二天早上，整条巷子到处是女孩的"零件"，悲剧就这样发生了。

我们不能说他们不爱对方，如果不爱就不会谈恋爱，如果不爱就不会谈那么长时间，如果不爱就不会撕心裂肺地哭。既然爱为什么却不能走进婚姻？我们单纯来看爱情，爱情只是一个人把情感寄托在另一个人的身上，甚至都不知道对方是否也会把情感寄托在自己身上，也许会也许不会，不得而知，只能凭感觉却没有权利要求。人们随年龄增长，逐渐膨胀的情怀，不断在寻找寄托的对象，找到了就爱上了，寄托得越干净就爱得越深，爱得越深受伤的可能就会越大。而这种寄托，跟是否结婚却没有本质上的联系。情感的寄托在很多时候都会发生，有人已经结婚了，而情感却寄托在别人的身上，这就是“同床异梦”；有人没结婚，却把情感寄托在已经结婚男人的身上，喜欢上了有妇之夫，爱得死去活来，甘愿充当“小三”。从某种意义上说，也就是爱情可以发生在已婚人士的身上（只不过人们通常不会叫那是爱情，一般叫婚外情）。如果上面案例中的那个男孩能够了解爱情只是情感寄托，就不会发生悲剧。在我们要寄托情感到别人身上时，首先，要明白自己是已婚还是未婚；其次，要明白是否道德允许；最后，问自己是否做好受伤的准备。如果可以了，那就轰轰烈烈地爱一场吧。如果我们都能够深入了解到情感寄托是自我的，学会恋爱到婚姻的思想转变，那我们就可以为幸福的婚姻去掉一个思想上的隐患。

不要让你的婚姻资本贬值

2009 年秋，在广州讲完《婚姻困惑解码》课程后，我正坐着休息。过来一对母女，妈妈老远就跟我打招呼：“史老师，您好，这是我女儿，帮我女儿介绍个男朋友吧！”我的妈呀，这么直接，这么急迫，不过我能理解这位母亲的苦心。女儿除了跟我打了一声招呼，就再也没有说话，长得不太漂亮的面孔被头发遮了一大半，普通的 T 恤衫加上土颜色的牛仔裤，羞涩地玩弄着自己的双手，能感觉到她渴望听到些什么。母亲讲述，自己跟老伴都是知识分子，现在退休了，女儿 1978 年出生，从小刻苦学习并考上了理想的大学，毕业后又如愿地进入事业单位，婚房两年前就准备好了。母亲有点激动：“我女儿条件这么好，为什么就找不到男朋友呢？哪个男的要是娶了我女儿就娶了一块宝。”这位母亲说得并不夸张，在当今竞争这么激烈的社会，哪个男的能够娶到这个姑娘做老婆，可以少奋斗很多年。

为什么在妈妈眼里这么优秀的女儿却这么不好找对象？听完母亲的讲述，其实我当时就大致知道了她们的诉求及不能找到对象的原因。在30岁前，为了学业、工作投入了全部的时间，加上相貌平平没有人追求，以至于到了大龄才着急考虑结婚的事情。什么时候考虑结婚是表面现象，关键是要了解这个阶段自己的婚姻资本，男人同女人的婚姻资本是不同的，最怕的是不能清楚自己的婚姻资本，而失去机会，让时间流逝，这对母女就是典型不清楚婚姻资本而导致的大龄愁婚姻。

女人的婚姻资本是什么？问过很多男人：在选择女人的时候第一要求是什么？至少我遇到过的答案：漂亮、身材好、气质好。有了这三样接下来才会考虑，是否孝顺、是否性格好、是否有能力……所以女人的婚姻首要资本是外表（包括内在修炼的外在气质表露）。你越漂亮你的资本就越大（不管你能不能用好），你身材越好你的资本就越大，你越有气质你的资本就越大。

既然这三样是女人的首要资本，那如何增加资本就是主要的问题了，因为人不可以选择先天，但可以后天修饰，让自己的资本发挥到最大。

比如说漂亮，漂亮除了天生的皮肤、脸蛋之外，还有衣服、发型、饰品。就算是皮肤也可以通过一些美容手段来改善，也可通过化妆来遮掩。

再说身材，胖就管住你的嘴嘛，除非你不想增加资本，如果是因为身体失调或疾病造成的胖，单从资本来看那就要积极地治疗调理。

我们再来看气质，气质是在了解自己的优缺点后，通过自我训练得来的。学习跳舞、练习瑜伽就可以锻炼形体气质，再加上一些礼仪方面的坐姿、站姿、走路姿势等训练，慢慢形体气质就培养出来了。素养气质还可以通过学习琴棋书画、茶艺等来修炼。总之气质是可以通过后天修炼得来的。

女人不要忘记自己的资本是什么，并要勤奋努力，学会投资，让自己在原有的基础上尽可能地提高，这样追你的男人档次就会提高，你就可以在追你的高档次男人中选择自己喜欢的。相反，我们举个极端的例子，假设你是体型臃肿、蓬头垢面、衣着落伍的女孩，你说谁会追你？

最后根据对上述那个女孩的观察，针对她的特点，我给了她几点建议：主动与人打招呼，换一个发型，平时习惯穿高跟鞋，背肩挎包，买衣服以裙子为主，并告知她女人的婚姻资本是漂亮、身材、气质，尽最大努力进行最大程度提升。

2012 年 3 月，一个偶然的机会在番禺一家商场又见她，如果不是她主动和我打招呼，我可能认不出她来。她竟然热情拥抱我，不到三年的时间，变得那么漂亮有气质，跟旁边的男人的亲密，还有手上拿的相框，一定是刚拍好婚纱照。我祝福她找到了自己的幸福。

男人的婚姻资本是什么？同样问过很多女人：在选择男人的时候第一标准是什么？女人要比男人虚伪那么一点点，答案很多是“有事业心的”“有责任心的”“嗯……这个嘛……找个有钱的”“对我好的”，这些答案归纳起来很少跟外表有关系，基本都可归纳为“品行”和“财富”，有人说：“不想找有钱的男人，有钱的男人特别坏，只要有能力、有上进心就可以了。”请问你看中他的能力是什么能力，不会是吹牛的能力吧？还不是看中的是他将来能够赚钱的能力。之所以不找已经有了钱的，是因为你看到身边很多有钱的男人都很坏。另外，有钱的男人要不结婚了，要不要求太高了，总之数量很少。

所以男人的首要婚姻资本是品行和财富。在婚姻资本中，二者非要说哪个更重要，我认为是财富。只要有钱就可以请漂亮的女孩吃饭，总有一些是经不起诱惑的，所以也可以找到自己想要的婚姻对象。男人只要刻苦学习，不断提高自己的赚钱能力，就可以请很多漂亮的女孩吃饭了，找个喜欢的不难。品行，是决定一个男人在有钱以后的思想，品行好，有钱后会控制自己的欲望，不会忘恩负义抛弃自己的结发妻子，品行不好的男人就很难说了。

婚姻中，如果资本是陪衬的，婚姻相对来说就好经营，幸福指数就会高一些。如果资本不是陪衬，就会有很多问题发生，不是说一定不能走下去，但就会走得很辛苦。

在这里有个问题要提醒一下女士，男人的财富随着年龄及能力的增长会越来越丰厚（正常情况下），而女人随着时间的推移却越来越苍老，如果不去培养气质，如果不去注意保养和修饰，双方婚姻资本将会越来越悬殊，资本不配对会越来越明显。人不可能返老还童，在同龄人中有优势地位还是有可能的，在条件允许的情况下，出入一下美容机构、会所、舞厅，让自己变得更加有魅力还是很有必要的。

爱情可以务虚，婚姻必须务实

有一天，柏拉图问老师苏格拉底什么是爱情？老师就让他先到麦田里去，摘一棵全麦田里最大最金黄的麦穗来，其间只能摘一次，并且只可向前走，不能回头。柏拉图于是按照老师说的去做了。结果他两手空空地走出了麦田。老师问他为什么摘不到？他说：因为只能摘一次，又不能走回头路，其间即使见到很大、金黄的，因为不知前面是否有更好的，所以没有摘；走到前面时，又发觉不及之前见到的好，原来最大最金黄的麦穗早已错过了，于是我什么也没摘。老师说：这就是“爱情”。之后又有一天，柏拉图问他的老师什么是婚姻，他的老师就叫他先到树林里，砍下一棵全树林最大最茂盛、最适合放在家当圣诞树的树。其间同样只能砍一次，以及同样只可以向前走，不能回头。柏拉图于是照着老师说的话做。这次，他带了一棵普普通通，不是很茂盛，也不算太差的树回来。老师问他，怎么带这棵普普通通的树回来，他说：“有了上一次经验，当我走到大半路程还两手空空时，看到这棵树也不太差，便砍下来，免得错过了，最后又什么也带不出来。”老师说：“这就是婚姻！”

无论男女，都会做梦，尤其是女人做的梦更美好，都认为自己以后肯定可以找一个好老公，疼自己爱自己，幸福一辈子。梦做到爱情阶段就可以了，不要跨越婚姻阶段，爱情阶段梦醒了，可以一笑了之，而婚姻阶段却是永远的烙印。

恋爱可以多谈几次，多结几次婚就不值得效法了。多次恋爱经验可以了解不同品行的人，有助于更好地把握婚姻，多次婚姻经验却只是叠加伤疤数量，对生活也会失望，婚姻还是实际一点好。

无论男女，在年轻的时候，一定要好好地恋爱，这样人生就不会留下遗憾。但到结婚的阶段，一定要务实，根据自己的资本选择合适的人结婚。不要异想天开，非要找个“高富帅”“白富美”，不要好高骛远，以免沦落为“剩男剩女”，因为资本不对称，就算是你的梦实现了，也不会长久，最后伤的还是自己。

爱情的结局是伤心，婚姻的结局是宽心

爱情的结局只有两种，要么结婚，要么分手。婚姻的结局也只有两种，要么相伴到老，要么半途而废。

爱情的结局无论是结婚还是分手，接下来都会伤了心，分手伤心来得快一些，结婚伤心来得慢一些。分手伤心如电闪雷鸣般迅速，婚姻伤心如润物细无声一样绵长。爱情分手的伤心我们没有必要讨论，只要是分过手的人都知道。

为什么说结婚也是伤心的开始呢？大多数夫妻都会有一个感觉：感觉老公（老婆）跟结婚前不一样了。也正是因为这个感觉，婚姻中的男女的心受伤了，有时“擦破皮”，有时“割到肉”，有时也会“伤筋动骨”。

什么原因会让婚后的夫妻有了这种感觉呢？两个原因：“目标转移”和“眼镜变色”。

婚前婚后男人女人的人生目标都会转移。

婚前在你生气的时候讨好你，在你伤心的时候安慰你，在你生日的时候给你浪漫，在你哭泣的时候给你肩膀，你说往东他就不会往西，你说吃肯德基他就不会吃麦当劳，你说吃日本料理他绝对不会说吃法国菜，你说“你背我”，他跟头牛一样舍不得放下。

婚后就不一样了，他忘记了你的生日，忘记了结婚纪念日，你哭的时候他说你烦，你说吃肯德基他却说麦当劳好，你说往东他就往西，你说“老公，你抱我”，他说你自己走，你说“老公，你抱我上床”，你猜他怎么说？他说：“你自己爬。”

这一切一切的变化，你会感觉结婚前后完全不一样了，于是你开始不开心，开始一个人偷偷地哭，你在漫漫长夜里问自己：为什么？为什么结婚前后他的变化这么大呢？你开始找答案，一段时间过去了，还是不知道为什么，于是你自己给了自己两个答案，结婚前他是不是装着爱自己，其实他根本没有爱过我，结婚后才原形毕露了；他是不是喜欢上了别人，已经不再喜欢我了。于是乎开始了漫长的怀疑猜测。在心理学上有一个定律，说的意思是：如果你怀疑某人做了某事，你越看他就感觉他越像做了这件事，并且被你怀疑的事情慢慢真会发生。

举个例子，你在办公室丢了100块钱，并怀疑是你的一个同事拿的，于是你越看他越像拿你钱的那个人。所以当你怀疑你老公以前就不喜欢你，你越看越像他现在做的一切都是伪装的，都是虚情假意。当你怀疑他在外面有人了，你越看他越像外面有人了，当他穿衣帅气时，你怀疑他是去约会；当他打电话小声时，你怀疑他是给哪个女的打电话；当他回家晚一点时，你怀疑他是和谁鬼混去了，你打电话过去感觉他也是支支吾吾，于是乎你开始自己在家里"练气功"，于是他一切的行为你认为都是有问题的，你的言语开始变得刺激，开始有攻击性（自己不一定知道），慢慢在你长时间的"提醒"下，你所怀疑的事情一件件都真的发生了。

女人们，要我说你们真的误会你的男人了，这样的结果，基本是你的怀疑一手造成的。之所以老公对你的态度会跟婚前有很大的区别，那是男人婚前与婚后人生目标转移所造成的。结婚前，男人人生最大的目标就是成家，你就是他成家必需的部分，所以他会对你好，会把心思放在你的身上，会讨好你，有些事就是不情愿他也会迁就你，以达成他成家的人生目标。结婚代表男人成家的人生目标达成。婚后，他的人生目标转移到了"养家"，所以他开始更加辛苦地工作，起早贪黑，一大堆的事情等着他去处理，在他看来，你知道他所做的一切都是为了让你过上好日子，所以他忘了你的生日，忘了结婚纪念日，忘了你所关心的那些东西。不是他不爱你，也不是他爱上了别人，是他的人生目标转移了。

女人结婚前最大的人生目标就是找幸福，找幸福的女人对男人很苛刻，处处刁难，时时考验，为的就是找到能够把一生交给他的人。女孩在谈恋爱的时候一定不要太主动，就是看见让自己心跳的男生你都不能表现出来，恋爱时都没有被宠，结婚后更可想而知了。你可以慢慢考验你的男朋友，如果连谈恋爱时候都经不起考验的男人，结婚后天天两眼对在一起，你觉得那个时候再考验他合适吗？男人们，不要嫌女人烦，如果你真爱她就要经得起考验，多体贴多包容，给她留个美好的回忆，因为女人想起高兴的事情，也是会流下眼泪的。为了寻找到自己真正的幸福，除了考验，女人必须要掌握如何找到适合自己的男朋友。

女人婚后最大的目标就是维持幸福，为了自己设想的人生，女人们在努力着，努力地排序着跟她幸福相关的人和事，在她心里每个人都有主次排名，每件事都有先后打算。那些排名靠前的人和事，往往能够给她们带来幸福感。一般情况下，老公在结婚初期，是最能够给她们带来幸福感的人，而孩子出生后，那种小手小脚的运动，不断冲击着她们的神经，让她们幸福得既突然又真实。她们沉寂在幸福中忽略了周围的一切，不再能深刻感受到老公的温柔，在老公的眼里，老婆变了。其实她们没有变，只是有了孩子后人生目标转移把心里排序调整了，重点放在了那个小家伙身上。

婚前婚后男女的“眼镜”都会改变“颜色”。

夫妻之间总会出现一些这样的对话。“你看看人家王明瑞，多有上进心，两年不到都升科长了”“你看看人家李霄鹏，对他老婆多好，每次过情人节都会送花”……“你看看人家韩老六的老婆多细心”“你看看人家……”夫妻之间这样人家人家的对话代表了什么呢？喜欢上人家的老公（老婆）了？还是老公（老婆）的缺点太多了？如果喜欢上了人家的老公（老婆），当初为什么不去跟他（她）结婚呢？如果是嫌弃老公（老婆）的缺点太多了，结婚前怎么没有发现呢？

谈恋爱的时候，如果也是这样的对话也就算了，奇怪的是这些人在谈恋爱的时候，却认为自己选择的那个他（她）是世界上最好的。为什么？同样一个人，结婚前后在对方的眼中差距就这么大？那是因为我们看对方眼镜的颜色变了，结婚前往往只能看到对方的优点，之所以我们沉浸在满足中，是因为我们用他（她）的优点，跟其他异性的缺点在比较。结婚后往往只看到对方的缺点，之所以我们不满意，是因为我们用他（她）的缺点，跟其他异性的优点来比较。很多人结婚后总是认为人家的老公（老婆）好，就是在用自己老公（老婆）的缺点跟人家老公（老婆）优点在比较。人还是同样的人，行为没有变化，语言也没有改变，是我们的“心”变了。正是因为这种颜色的变化，让我们生活中少了很多快乐，多了许多的不开心，正是因为这种心境的改变，让我们失去了本来该属于自己的那份平淡的幸福。婚后心境的改变会让我们活得很累，与其那样还不如婚前不要戴上有色眼镜，喜爱对方优点的同时，也客观地看到对方的缺点。

第二章 隐患早已存在，不管你看没看见

很多人婚后出现种种问题，总喜欢归咎于结了婚以后怎么怎么着，却很少考虑结婚以前是否留下了隐患，而大多婚后的问题，和婚前的选择是密切相关的。

婚姻并不可怕

很多男女都说：“婚姻，太可怕了。”微博里、QQ 里、短信里、漂流瓶里随处可见。随着生活节奏加快，生活压力加大，这句话在未婚男女的口中更加普遍。而我们是如何对待这句经常听到的话呢？大多数人都会用非正式的语言来应和：“就是，太可怕了。”我不认为这是一个值得开玩笑的话题，这可以说不是一个好现象。因果定律告诉我们，一件事情的发生总有其根源，之所以有“婚姻，太可怕”这种想法，一定是有原因的，我想大家都明白是什么原因，是社会现象教育的结果。怕什么呢？怕结婚，怕生育，怕相处，怕离婚，我们简称它为 4P，那些觉得“婚姻，太可怕”的人，我们就可以说是患了“婚前 4P 综合征”。

1P，怕结婚。结婚中那些琐碎的事的确很让人头疼。传统中国文化里，筹备婚礼的时候，就够让人身心疲惫、劳民伤财的了，各种礼节，为争取利益双方父母的心理战，满足各方意愿的房和车，为了所谓的面子办的酒席，本身浪漫的洞房花烛夜都被酒精麻醉了，这样折腾下来，不是两个人怕，两个家庭都不堪重负。

2P，怕生育。一句“把根留住”，让那些三年没见的女同学变了样，臃肿的身材，熬夜带小孩的熊猫眼，要是遇到重男轻女的老思想，便更成了“造人机器”，让很多爱美的女孩望而却步。加上“孩奴”字眼的出现，更多的人宁愿选择丁克。“现在的孩子真的养不起”，很多人这么说。一个小小的幼儿园阶段的花费，甚至超过我们上大学的花费。

3P，怕相处。结婚后的人际关系错综复杂，婆婆媳妇小姑子，岳母姑爷小姨子，七大姑八大姨，哪个亲，哪个一般，让刚刚连怎么做人都没有掌握好的小年轻一头雾水。要是让没有结婚的人，和结婚的朋友同住一个晚上，指定吓得好几个月不敢有结婚的打算。

4P，怕离婚。北京离婚率上升，广东本年度离婚率49%，宁波离婚率全国居中，人们的眼球不断被新闻调查数据冲击着；今天同学的父母离婚了，明天同学刚结婚就离了，后天同学的奶奶都要闹离婚，身边不断出现婚姻破裂的例子提醒着人们；遭遇家庭暴力的小学同学，冷战三五年不说话的中学同学，两地分居的大学同学，包养情人“小三”的同事，这些发生在身边的事情实实在在。没有跨越婚姻的那些年轻的心，真的“伤不起”。

因为患了“婚前4P综合征”所以我们怕结婚了，可是我们怕结婚成为原因以后，会有什么样的结果呢？一个人如果经常害怕一件事情的发生，这种害怕的情绪就会被潜意识记忆，这个时候这种情绪就如影随形，时刻影响着一个人的行为、语言和决策，给婚姻带来无形的束缚。婚前当你看到婆婆快言快语的时候，总感觉你们婚后会很难相处，当你看到男朋友喜欢跟其他女孩聊天时，总会联想到婚后他会花心。就算是结婚了，婚后一有什么不顺利的事情，你就不断地验证自己以前的想法，总会对自己说“早知道就会是这个样子”“原来这婆媳关系还真是难处”“反正都是要离婚的”。

一次在去天津的飞机上跟一个女孩聊天，她感觉我挺懂男女婚恋的状况，跟我讲述她快结婚了，又烦又怕，很想逃避，所以一个人跑出来找朋友散散心。看着男朋友为准备结婚的一大摊事情发愁，本来挺开朗的一个人，变得沉默寡言，她说一旦结婚了，有很多事情不敢也不知道怎么去面对。跟婆婆见了三次面就感觉婚后肯定有很多问题，而男朋友又坚持婚后跟父母一起住，男朋友家就他一个孩子，女孩倒也可以理解，自己不想结婚后让老公为难，不想因为一些琐碎的事情影响两个人的感情，所以弄得连婚都不想结了……

这个女孩讲述得很投入，几乎没给我说话的时间。我能够理解她的心情，我不能帮她改善所有的客观事实，只能从思想上开导一下，希望她从思维模式上有所调整。

有两种思维模式对抗“婚前4P综合征”：

换框法。现在她的思想框在“婚前4P综合征”中，就像用一个4P相框，严严实实地把她的思维框在了里面，也许我们可以试着把这个框换掉，换一个什么框呢？换一个“不结婚更可怕”的框。事实上，如果一个人不结婚，那种孤独寂寞的生活，会让一个人更加恐怖，更加辛苦，这是不用想都能明白的道理。那么人都要结婚，为什么？就是因为两个人比一个人生活要好，所以从古到今，一般情况下，男男女女一定要经历结婚，也可以说是必需的经历。既然是必须要结婚，不结婚别人会怎么讨论？父母会承受多大的压力？不结婚自己会生活得多辛苦？虽然婚姻中会有一些不愉快的事情，但总比一个人生活要强。

另眼看世界。之所以患有“4P综合征”，跟自己看世界的眼光是有关系的。好事不出门，坏事传千里，人们往往更关心那些坏事，遗忘了那些好事，连电视天天都播放杀人放火镜头，用来增加收视率。其实，在我们身边也有不少幸福的婚姻，让我们把目光集聚在那些人身上，传播正能量，也许，你就是那个类别当中的人。

别忘了自己恋爱的初衷

当我们清楚爱情不同于婚姻后，在我们与异性交往时，首先要问自己一个问题：我是想恋爱，还是想步入婚姻？这个出发点首先要明确。“先谈一谈再说，合适就结婚，不合适就算了”，这是一句我们经常听到的话，听起来好像也挺有道理的。我们来解读一下这句话：1. 谈一谈是什么意思，是谈恋爱的意思吗？2. 通过这句话我们不难看出，说话者的终结目的是结婚，因为说到“合适就结婚”。3. 针对“合适”我想问一个问题：这句话中的“合适”是指合适结婚还是合适谈恋爱呢？4. 这句话会如何指导自己接下来的行为呢？也就是说我们可以想想，接下来是谈恋爱呢？还是结婚呢？

有一个事实，有些人适合你谈恋爱的标准，值得你爱得死去活来，有些人适合你结婚的标准，值得你与之白头偕老。在大学的校园里，我们可以经常看到，美女帅哥出双入对，如胶似漆，很多旁观者虽然是羡慕，但还是觉得有很多都是很般配的。可走出校门，真正能走进婚姻的有多大的概率，应该说是很低的。就说我当时读书的时候，我们毕业班少说也有十多对，据我了解，只有一对后来结婚了。不能说他们恋爱失败，相反恋爱很成功，只能说最后忘记了初衷。

大二暑期过后返校，跟我坐同一列车，一位同市不同县的同乡新校友，看相貌我很相信，她一路上跟我聊天时说她没有谈过恋爱。因为不是同一届，也许是不喜欢看到其他人出双入对，在我毕业前，只是偶尔在老乡聚会才见过几面，每次看到她都是单身一人。在我们那一届毕业离校的老乡聚会上，她也来给我们送行，依旧是一个人。那天酒精上了每个人的头，包括我、她以及在场所有的人，每个人都说了自己的心里话，能说的不能说的，反正都说了。她说心里话的时候哭了："我活到现在，都不知道谈恋爱是什么滋味，只想轰轰烈烈谈一场恋爱。"

毕业几年后，每个人都忙着自己的事，除了几个经常一起玩的好朋友，基本上都断了联系。我跟妻子从太原搬到广州的时候，在广东的老乡们，聚到了一起为我接风，她也是其中的一个，依旧是单身。聊天时得知，还是没有改变的一句话"一直没有谈恋爱"，我依旧相信。她说她年龄的原因，不想谈恋爱了，只想找个人嫁了。借着酒兴，我做起了平生第一次"红娘"，当时在场就有一个单身的男孩，他们俩结婚真的挺般配（在我看来），在众人的配合下，单独给了他们俩一个空间。记忆中，好像不到十分钟的时间，他们就跟我们又凑到一起了。那次聚会结束，我也以白忙活收场了。因为工作的原因，以后经常能够见到她，有一次，我们聊起来那个男的，她说"他不合适"。"挺好呀，老乡们都知道他人品挺好，你们俩的年龄也合适，这么多年自己在外面也攒了一些钱，虽说不是很有钱，至少养家糊口是没问题的，哪里不合适？""一点都不懂浪漫，说话都不主动，我肯定他绝对不会有送花的举动……"那天我不再说话了，我知道她内心不是在找老公，还是在找男朋友，也许潜意识里还是渴望轰轰烈烈的爱情。

很多人都是抱着结婚的目的去谈恋爱，可选择的对象却是符合自己恋爱标准的对象，而不是适合结婚的对象。谈论你亲我爱的时候，觉得对方各方面都挺好的，等到了谈婚论嫁的时候，却发现跟自己接下来想要的生活差距太大了。这时一般会有两个结果：一是痛苦地分手了，虽然相爱就是不能走到一起；二是痛苦地结婚了，连自己都感觉不合适，还是硬着头皮，咬咬牙结婚了。当然也有恋爱的时候觉得挺适合，到谈论结婚的时候也觉得挺合适，这种情况我只能把它归为运气好。

假设人们恋爱的目的是结婚，如果都能选择符合结婚标准的人去谈恋爱，至少对结婚来说是概率会提高，婚后的相处也会相应地简单很多。

没有明确的婚姻出发点，也许就注定我们不能拥有幸福美满的婚姻。选择符合恋爱标准的人，我们可以得到爱情；选择符合婚姻标准的人，我们才会让婚姻幸福。

找对象，方向比方法更重要

不知道从什么时候出现了“剩男剩女”这个词。接触了很多人，不是自己不喜欢别人，就是别人不喜欢自己。选择来选择去，回过头一看，自己喜欢的人已经做了父母，自己不太喜欢的人也找到了另一半，自己甚至都迷茫了，好像世界上没有什么人合适自己了。是社会的发展还是自己的心境在作祟？在这里我们试着问女孩们四个问题，年龄小的好好回答，希望能够从中有所启发；年龄大的也要好好回答，希望能够发现自己的错误。希望你能回答好这四个问题，因为在我的经验里，能回答好这四个问题的女孩，不能说一定找到最好的对象，但还是可以找到比较适合自己的对象。希望在回答这四个问题的时候，你要准备笔和纸，在看到问题后还没有看分析之前，能够把答案写下来，也许真能发现问题，同时印象也会更加深刻。

1. 你希望找什么样的男人结婚？

在回答这个问题的时候，尽量能把符合自己结婚标准男人的所有条件都写下来，不要遗漏，这样你才好作下一步的判断，更容易理解我们下文的用意，同时体会更加深刻。这就是我强调用笔记下问题的主要原因。

好了，回答这个问题了吗？也许你写在了纸上，也许你在心里说出了自己的标准，也许你只是简单地说了一两个标准，这些都已经不重要了。重要的是你写了些什么标准，“负责任的、孝顺的、有事业心的、有钱的、对自己好的、老实本分的、喜欢自己的、有上进心的、帅的……”无论写什么，再努力想想，还有什么遗漏的标准吗？

写好了，我们接下来分析一下。现在我们把写下来的标准分成两个类型：1. 属于自己可以控制的标准范畴。比如说要求对方有钱的，这个标准是自己可以控制的，这是客观的。2. 属于自己控制不了的范畴。比如说老实本分的，这个标准是你控制不了的标准，因为是否老实是对方主观的行为。

接下来，把第二种自己控制不了的范畴都去掉，只留下第一种，那些就是你选择结婚对象的标准。而很多人去掉第二种以后，剩下的第一种看起来都挺搞笑，剩下了“有钱的男人”，有的去掉第二种，连一个标准都没有了，好像只剩下了“男人”。

为什么要去掉自己不能控制的标准呢？举几个常出现的选择结婚男人的标准。比如说“负责任”，这个标准在当今年代，很容易成为女人在选择男人结婚时候的一个标准，因为身边看到了太多的花花公子，听到了太多的抛妻弃子的事情，害怕了，害怕这种事情发生在自己的身上，自然就产生了这个想法，情有可原。

如果我在这里说，把“负责任”这个标准放在选择结婚对象上是错误的，不知你是否会感到吃惊？“负责任”，请问什么叫负责任？举个例子，一个很有责任心的男人，在结婚后事业有成了，慢慢的应酬逐渐多了，身边美女如云，再加上成熟男人的魅力，很快有其他的女孩喜欢上了他，他知道自己是有家室的人，一直逃避女孩，尽量不给那个女孩进一步发展的机会，可是那个女孩太喜欢他了，甚至喜欢到了只要能跟他在一起，要不要名分都无所谓，终于有一天在女孩的精心策划下，男人喝醉了，醉得不知道是谁解开了他的皮带，一个半月后女孩告诉他怀孕了，事情发生了，请问这样一个负责任的男人该如何选择？是该对他老婆负责任？还是该对这个女孩负责任？每次很多人在一起讨论这个问题的时候，都像辩论赛，有的说该对老婆负责任，有的说该对那个怀孕的女孩负责任。而我想说的是，对谁他都负不起责任。

再比如“对我好的”，这个标准用在选择结婚对象上，也是错误的。什么叫对你好的？对你好的标准是什么？送玫瑰花还是接你上下班？还是不对你使用暴力就是好？不要说没有标准，就算有个好的标准，那我们又怎么能保证，他现在对你好，那结婚后还会对你好呢？一个人对一个人好不好是两个人的事，而不是单方面的，你值得他对你好，他就会对你好，而不是要求他对你好。

再来说“爱我的”，爱是一种感觉，也许就是因为你身上的某种东西吸引了他，很可能是身材或者是眼睛，或者是其他，这种东西是你现在具体存在的优势，成为一个他爱你的理由，随着时间的推移也许你的这个优势会不存在。也就是说，他当时爱你的理由已经不存在了，你还能保证他会爱你吗？

这个问题的答案应该是，自己能够控制的客观存在的标准，比如说年龄、身高、体重、金钱。在这里我们用一个表格来展现。

结婚对象目标	
结婚对象目标	
地域接受范围	
年龄接受范围	
身高接受范围	
体重接受范围	
五官接受范围	
房产接受范围	
工作性质接受范围	
收入接受范围	
车接受范围	
其他：	

这个问题实际上问的是，女孩找对象的目标。目标不清晰，行为就没了方向，在寻找自己意中人的时候，老是会觉得不合适，不是这里有问题就是那里有问题，总觉得不是那么太中意，让自己错过了很多机会。

比塞尔是西撒哈拉沙漠中的一颗明珠，每年有数以万计的旅游者来到这里。可是，在肯·莱文发现它之前，这里还是一个封闭而落后的地方。这里的人没有一个走出过大漠，据说不是因为他们不愿意离开这块贫瘠的土地，而是尝试过很多次都没有从大漠中走出去。

肯·莱文当然不相信这种说法，他用手势向这里的人询问原因，结果每个人的回答都一样：无论朝哪个方向走，最后都还是转回了出发的地方。于是，肯·莱文从比塞尔村向北走，结果仅用了三天半时间就走了出来。

比塞尔人为什么走不出来？肯·莱文感到很纳闷，最后他只好雇了一个比塞尔人，让他带路，看看到底是因为什么无法走出大漠。他们带了半个月的水，两峰骆驼，肯·莱文收起指南针等现代设备，只拄着一根木棍跟在后面。十天过去了，他们大约走了800英里的路程，第十一天的早晨，他们果然又回到了比塞尔。这下肯·莱文终于明白了，比塞尔人之所以走不出大漠，是因为他们根本就不认识北斗星。

在一望无际的沙漠里，一个人如果凭感觉往前走，他会走出许多大小不一的圆圈，最后的足迹十有八九是一把卷尺的形状。比塞尔村处在沙漠的中间，方圆上千公里没有一点参照物，若不认识北斗星又没有指南针，确实不太可能走出沙漠。

肯·莱文离开时，带了一个叫阿古特尔的青年，就是上次和他合作的人。他告诉阿古特尔，只要你白天休息，夜晚朝着北面那颗星走，就能走出沙漠。阿古特尔照着去做，三天之后果然来到了大漠的边缘。他成了比塞尔的开拓者，他的铜像被竖在小镇的中央。铜像的底座上刻着一行字：新生活是从选定方向开始的。找对象同样要选定方向定准目标，不要在原地转圈。

2. 符合你标准的男人多不多？

回答清楚第一个问题后，第二个问题是用来检测你所设定的目标是否正确。有些人对自己没信心，设定的目标太低，最后导致一朵鲜花插在牛粪上；有些人设定的目标太高，最后导致符合标准的人一直都没有出现。

如果我们是平常的人，设定的目标人群，一定要比较多的男人都能符合条件，如果能够符合条件的人太少，那样竞争就会很激烈。举个极端的例子，如果你设定的目标是想找奥巴马，奥巴马只有一个，这个竞争就大了，也就是说目标定得大了，很难完成。不要设定连神仙都很难完成的目标，毕竟我们是人。

有一次我问女儿："长大之后，打算做什么？"女儿想了想，回答我说："我要当科学家。"其实像这样的答案，可以说是毫无个性、毫无意义。但是，很多小孩就是这么说的。然后我问她："那你觉得想当一个科学家，现在应该怎么做?”她说：“现在开始，好好学习。”我再问她：“那你现在又是怎么做的?”她想了想，又说：“那我不当科学家了。”我又追问：“那你想当什么?”她摇摇头：“长大了再说吧。”很多时候在婚姻的课堂里，我们也是小孩。

很多女孩看到一些负面后，不管自己的条件如何，在思想深处都想找个“高富帅”，而且还不是一般的“高富帅”，是很高很富很帅，毕竟这样的人不多，至少还没结婚的不多，我们简单来分析一下：除了为数不多的“富二代”，一生下来就可以拥有很多财产，大多数的男人要累积财富还是需要时间的。大学毕业正常也要二十四五岁，毕业出来就能够找到一份好工作算是顺利的，熟悉所从事的行业积累资金最少也要5年，这都差不多30岁了，而男人往往在30岁前，就会因家庭的原因或个人的需求而选择结婚。也就是说他们结婚的时候，大多还没有太多的成就。如果女孩一心只想找已经有成就的男人，恐怕选择范围会变得很窄，如果你能好好地分析一下自己的目标，就会发现他们要不就是已经结婚了，要不就是离婚了，要不就是条件不太好的，总之是很少。在这样的稀缺资源中你要竞争一个，自然会有很大的压力。

人们总爱说“压力太大，很烦”这样的话。其实，人有一定的压力是必需的，不然，生活就没了奔头。但是压力不能太大，压力过大，会给人的心理造成负担，往往有的人承受不住压力，身体会患上这样或那样的疾病，那可就得不偿失了。别给自己定太高的目标。每个人生活和工作中都会有一些目标，有的想工作有成绩，能升职；有的想学业有成，考上名牌大学；有的想提高生活水平，住上大房子；有的想找个白马王子……定目标可以，只是别定得太高，无法实现的目标会给人带来无形的压力，那么，也就会给生活和工作带来一些不必要的烦恼。

定目标要实际，这样才容易达到，能够满足自己的心理需求，同时，也会有成就感。比如，高中生高考时，别非清华不上，这样的目标就太高了。女人要嫁男人，不能说非某某不嫁。

在郑州一次咨询中，一个二十八九的女孩一开口就说："我觉得生活没意思！"吓了我一跳，立即就认为不是小问题！"怎么没意思？""从小读书，考个高中，念个大学，然后再找个工作，结婚生子，觉得就是这样！""觉得很平淡，是吧？"她点头同意。"还没结婚吗？""还没。""目标是什么呢？"……原来她是一个很有抱负的女孩，生活中想超过别人，发誓一定要嫁个如意郎君来改变自己的人生，给那些看不起自己的人瞧瞧，在经历数次相亲、恋爱后，发现自己不是最好的，理想与现实发生了冲突，觉得找到如意郎君很难，自己想成为最好的也难。

现代社会发展之快，婚姻竞争之残酷，建立"跳一跳，够得着"的目标很重要，这是帮助他们建立自信、肯定自我的重要途径，不能因为要求高，无法找到合适的对象，而对自己失去信心，产生茫然，形成"没意思"这些念头。

3. 符合你标准的男人在哪里？

在明确自己的目标，检验自己目标合理性后，第三个问题也很重要，应该说是积极的行动，就像我们工作中，人都会为自己设定目标，有的也很合理，但是没有行动，目标不会自己达成。很多人都天天梦着自己的"白马王子"，可没有任何的行动，只是等待上天为自己安排，总会有一天自己的那个他会来眷顾，这就是人们深信不疑的"缘分"。缘分也许有，也许只是传说，不能太相信真的会有月老牵线，等待缘分的出现还不如主动出击。在聊天的过程中有很多人曾经问过我，"你信不信缘分？"我信，但我会把它归为运气的范畴。我更相信，经过自己努力达到的成功；我更相信，经过自己主动出击，创造出来的缘分。

前面两个问题都是思想上的，还没有涉及行动，而这个问题就是要我们明白，只有行动才会有结果。如果你定好了自己的选择对象的标准，同时也保证了这个标准不是幻想，那你现在唯一要考虑的就是，这些人在哪里？怎么接近这些人？

我有一个很好的太原朋友，1982 年出生，善解人意，不能说漂亮，至少还算是得体大方。个头 178 厘米，穿上高跟鞋，很少有男人敢跟她站在一起，拥挤的公交车上都会给她一块自己的区域，也许是这个原因，让她在找对象的过程中并不是一帆风顺。每次回到家，她都能感到妈妈对这个问题的担心，但又怕给她太大压力，所以，总是含蓄地提醒她，这让我的朋友更加难受。她做了很多努力，找人帮忙介绍，联系自己的同学，可是身高的问题就让这样的努力并没有什么结果，偶尔出现一两个有高度的男孩，又因为其他很实际的因素而不能继续。一次聚会结束后，我们聊到了这个话题。我说我给她介绍朋友，她显得不屑一顾，很明显这种话她听得太多了，我也能猜想到这些话的结果，基本没有下文。她只是随随便便回答“好啊”。我说：“我给你介绍的这个人，我也不认识。”她笑了，我们愉快地聊了很久。

其实，她对对象的要求并不高：身高 180—195 厘米之间、未婚、27—32 岁之间、五官端正、无疾病、山西户籍、事业单位或国企工作、月工资 3000 元。在我看来，她设定的标准跟她的配衬度还是比较靠谱的，然后我问她：“知不知道你说的符合这个标准的人经常在哪里出入？”听了我的提问她感到有些茫然。我与她一起分析了符合这个标准首选的两个单位：公安系统、太钢。她突然觉得我的分析很有道理，因为这两个单位的男性多，而且很多人的工资标准都是那个基数，或许更高，而且身高也有很大一部分可以达到要求，于是我们进行了最关键的下一步行动计划，怎么认识这些人呢？主动出击。我给她一个方案，搜寻所有与自己有关系的人，看他们手头是否有这样的资源。

她倒是挺配合，回家就从自己的亲戚、朋友、同事中搜索。一个星期后还真出现了结果（因为太钢在太原是大企业，员工很多，千丝万缕的人际关系自然不难寻找）。还真有几个亲戚有这样的资源，经过撮合不到三个月就恋爱了。一年后，她结婚了，看到她QQ 空间里婚纱照，感到她是幸福的。

天上不会掉馅饼，天上同样不会掉“帅哥”，如果你的目标定了，那你就要主动出击，不是去主动追求，有时候主动寻找还是很有必要的。

4. 符合你标准的男人，他们喜欢什么样的女人？

大多数女孩在听到这个问题时都表现得有点异样，好像突然觉得这个也很重要。无论你在不在乎，无论你以前有没有想这个问题，这个问题的确很重要。因为这决定你们之间会不会只是单相思，会不会只是一出你喜欢人家、人家不喜欢你的独角戏。

《生命时报》联合“新浪网”曾做过调查，由 1310 名男人选出了他们喜欢的女人类型，并请专家对此进行分析解读。在此摘选外貌、性格、身材以便参考。

外貌方面调查结果如下：

1. 脸形：	鹅蛋脸 43. 3%	圆脸 29. 7%	瓜子脸 27. 0%
2. 发型：	直长发 49. 8%	卷长发 23. 9%	黑色 13. 6%
	直短发 7. 6%	卷短发 3. 4%	染颜色 1. 7%
3. 眼睛：	带笑的眼睛 41. 8%		大眼睛 31. 1%
	精神的眼睛 25. 7%		小眼睛 1. 4%

调查结果显示：在外貌上，鹅蛋脸、大眼睛尤其是带笑的眼

睛，以及直长发是男人的最爱。

专家解析：柔和、圆形的鹅蛋脸，不仅比例最为协调，而且充满福相，是最为标准的中国脸，自古就是美女的必备条件。而最受女人追捧的瓜子脸，只有 27% 男人喜欢。在眼睛方面，带笑的大眼睛如午后的阳光直射心房，能让人倍感温暖和亲切，因此也最受男人欢迎。从美学角度来看，眼睛的长度为 3 厘米、宽为 1 厘米，两眼距离和眼睛的长度相等是最理想的眼睛。“电眼美女”的第一要素是双眼皮，二是长而浓密的睫毛，三是浓淡适宜的眉毛，四是无眼袋。一头秀美的长发对女人是最具诱惑力的装饰品，对男人的吸引力自然也很大。随着男人年龄的增长，对女人外貌的喜欢，也会按照“从上往下”的顺序不断变化。年轻时喜欢女人的脸蛋，白里透红的皮肤、樱桃小嘴，都能撩拨起他们的情欲；人到中年，女人丰满的胸部、纤细的腰部、上翘的臀部则更能吸引他们的目光……

性格：温柔开朗

性格方面调查结果如下：

温柔 43.6%	开朗 18.5%	体贴 14.4%	可爱 9.4%
亲切 7.9%	直爽 3.5%	正直 2.7%	

从调查中可以看出，在男人喜欢的性格类型中，温柔仍是好女人的第一必备要素。其余依次为：开朗、体贴、可爱以及亲切。

专家解析：温柔贤淑、感情专一、心地善良的女性几乎是所有男人的最爱。男人总是习惯把家庭和女人当作安全的避风港和安乐窝。因此，他们希望所爱的人能完全包容其成功与失败，不论何时都能张开双臂欢迎他们回来。但是，女人也应该学会调适自己，不要一味地为情所困，甚至让感情取代了生活的全部。聪明的女人往往心胸宽广、通情达理、善于沟通、积极乐观，最重要的是，能让男人活着不累。

身材方面调查结果如下：

曲线玲珑，略有肉 79.6%　小巧、精致型 9.5%　胖嘟嘟，可爱型 5.9%

又瘦又高，很骨感 3.9%　魁梧型 1.1%

大多数男人喜欢曲线玲珑，略有肉的女人。在身高方面，近九成男性喜欢身高 160—170 厘米的女性。

专家解析：魔鬼般的身材比天使般的脸蛋更惹人眼球。大部分男人喜欢丰满且肌肉紧致的女人。35 岁以上的成熟男性更是如此，营养不良型的瘦弱女人并不是他们理想的性伴侣。原因主要有以下几点：首先，女人如果拥有强壮而健美的身体，意味着她有生育后代的能力，危急时刻还能保护孩子。其次，男人喜欢把女人压在身下的感觉，相比于“硬板凳”，“软沙发”才能令人惬意万分。再次，饱满挺拔的乳房是男人心中的迷恋，这是太瘦的女人永远无法与丰满的女人匹敌的。最后，女人太瘦，雌激素水平低，容易乱发脾气，这也是男人眼中的大忌。至于身高，男人最不喜欢的就是像男人的女人。他们总觉得，魁梧大汉就要配江南佳丽。此外，男人最喜爱的女人，身材上还要具备以下几个特征：大腿修长、细腰圆臀、小腹平坦。

婚姻就是一场戏，找对象就是第一集，不要忘记换服装，要做一个让男人爱的女人，要明白这个男人爱什么，或者要设身处地地为他着想，此时此刻你是他你会如何，不一定要付出你的全部，但是你一定要恰到好处地展现出你自己的闪光点。我们不能掌握每个男人喜欢什么，但我们可以总结大多数男人的偏爱。

如果你仔细去想一下，男人喜欢女人的东西，当然先天的容貌很重要，但更多的是后天通过学习和修养得来的，也可以说是技能。

比如说男人喜欢被吊胃口，世界上一切男人的潜意识里都会这样认为，得不到的不一定是最好，但是最好的一定很难得到。我想吊胃口的技能应该不会很难学。

再比如，男人是喜欢不停变化的女人，就像女人一样，一阵子喜欢这种款式的衣服，或许几个月后会换了款式，所以作为女人要不断改变自己，换种风格，或者换个造型，不断带给他惊喜，他会觉得你是个让人琢磨不透的女人。

比如说撒娇，女人在恰当的地方恰当的时间恰当地撒娇，永远都是男人难以抗拒的武器。有很多女人会说，我不会撒娇，甚至看到那些向男人撒娇的女孩都觉得恶心，请不要忘记，你喜不喜欢不重要，重要的是男人喜欢，你也可以说“我不撒娇一样可以搞定男人”，我只能让你问自己一个问题“如果两个女人其他条件是一样的，你更希望自己是一个会撒娇，还是不会撒娇的女人?”

在爱的时候嫁给他

人们总是为那些“抗战”了八年的恋情最后以分手结束而感到惋惜；疑惑那些看似爱得死去活来的情侣，说分手就分手了。实际上时间能磨平伤痕，时间同样也可以磨灭激情。

意大利帕维亚大学研究显示，刚刚坠入爱河中的男女的大脑会发出指令，使人体分泌出一种化学物质，研究人员称这种物质为“爱情荷尔蒙”。这种化学物质令恋爱中的人相互吸引，但是它在人体内仅仅能够存在大约一年时间，有科学家认为，“爱情荷尔蒙”正是产生爱情的原因。爱情的激素在体内随时间会自我调节。苯基乙胺、多巴胺、去甲肾上腺素、内啡呔、后叶加压素，这五种爱情激素在机体自我调节的作用下，浓度会逐渐降低。

1. 苯基乙胺（PEA）　由神经系统调节其分泌水平，其实是一种兴奋剂，让人感到极度兴奋、有精力、有信心和勇气，颜面发红、瞳孔放大。在它的作用下人的呼吸和心跳都会加速，心跳加快，手心出汗。

有了它，我们不难想象出曾经“怦然心动”的一刻是怎么来的。想想自己，看到一个自己特别喜欢的人的那种感受，呼吸加快、心跳加速、脸红、还会有种想接近他（她）的冲动。当然除了一见钟情以外，日久生情也是因为体内产生了这种物质。对一个人本来没什么感觉，突然一件事一瞬间有了一种奇怪的感觉，那个时候就是它产生的作用。如果这种物质产生形成条件反射后，一想起他就会分泌，一看见他就会分泌，那你就掉到传说中的“爱河”了，爱一个人是会让你变笨的，做出很多旁观者无法看懂的事情。像那些旁若无人般在人流中热吻的恋人，几年后回过头看这件事的当事人，一定觉得当时特别好笑。还有那些被爱情骗子骗财骗色的例子，让人都不可思议，也是这种爱情激素惹的祸。

2. 多巴胺　能产生很欢欣的感觉，多巴胺是去甲肾上腺素生物合成的前体，为中枢性递质，可增加心肌收缩力，增加心输出量，脑血管扩张、血流量增加。对周围血管有轻度收缩作用，升高动脉血压。多巴胺的作用之一是刺激后叶催产素的分泌，这种激素会影响妇女的分娩和哺乳，有消除紧张和抑郁的作用。帕金森症病因是患者大脑里缺少“多巴胺”，“通信兵”不能有效把神经系统发出的命令传送给肌肉，神经不能有效指挥肌肉工作，所以才会出现手脚不听话的现象。

一般认为拥抱时所感受到的那种安全感和满足感，与这种激素密不可分。当我们看到一对情侣在海边依偎一起看日落的油画，总能联想到幸福包围着他们，是因为我们把依偎在恋人的肩膀上的感觉投射到了这个场景，在我们经历中的那些拥抱依偎是幸福安宁的。之所以大部分女孩喜欢壮实一点的男孩，也是因为那些男孩更能刺激她们分泌多巴胺，躺在厚实的怀抱里更加有安全感。男人不要吝啬给女人的拥抱，这样她们会更爱你。

3. 去甲肾上腺素　血管收缩和神经传导，会引起血压、心跳、血糖升高。布拉格在巴黎召开的欧洲神经科学学会联合会的一次会议上，披露了一项研究（去甲肾上腺素），心跳的感觉第三种爱情物质叫去甲肾上腺素，有强大的血管收缩作用和神经传导作用，会引起血压、心率和血糖含量的增高。所谓心跳的感觉就是去甲肾上腺素在起作用。

当你头脑中充满着这些物质的时候，也正是你意乱情迷的时候。但很可惜，人体内这些爱情物质不会永远处在高水平上，人体的自我调节，总试图将人体的状态调整回正常状况。一旦爱情物质消失，人也就从这样的迷醉状态中恢复过来，或者就像我们常说的那样，失去了爱的感觉。

4. 内啡呔　轰轰烈烈之后，那种安逸、温暖、亲密、平静的感觉。有过真正恋爱经历的人都知道，爱除了激情外还需要有些其他的东西。在爱过之后，我们需要另外一种内啡呔来填补激情。爱来爱去，最后总感觉很迷茫，不知道接下来两人的关系该何去何从，其实这个时候就需要内啡肽的出现了，内啡呔的效果非常接近于吗啡，可以起到镇静的作用，可以降低焦虑感，让人体会到一种安逸的、温暖的、亲密的、平静的感觉。

一般来说，婚姻关系是否长久，跟这种激素有着直接的关系。这种激素越长久，婚姻状态也就会越牢固。这种激素持续时间长，刺激神经指导下的行为语言，足以让人们养成习惯，夫妻双方慢慢习惯了内啡呔所带来的宁静，让他们去改变这种状态，很多人是接受不了的。这里插一句，不要老是奢望让爱人像恋爱的时候给你带来激情，先让婚姻生活养成良性的生活习惯，才是维持婚姻的关键所在，毕竟激情不会是一辈子的，因为你没听过一辈子的激情，事实上也不存在一辈子的激情，但和睦的婚姻关系却有可能是一辈子的。

内啡肽的出现，也就是我们经常所说的“由情人转变为爱人”的阶段。能否认识到这一点，尤其是否能够把这种转变上升到自己的信念价值观，对于以后处理婚姻关系有着重要的意义。这个激素告诉我们一个道理：他（她）不爱你，但不一定能离得开你。忘记了在哪里看到一个故事：一个男人在自己即将离开人世的时候，对老婆和情人做最后告别。他先让情人到病床前，他拿出了一本笔记，翻开了一页：“还记得这片枫叶吗？那段日子是我人生中最快乐的时光，我把它交给你，留作回忆。”接着叫妻子到病床前，拿出了存折：“这是我们这些年所有的积蓄。”

他（她）不爱你，但不一定能离得开你。让我们来观察一下那些因为爱与不爱离婚的人们，很多都是不愿离开被逼选择了放弃。

5. 后叶加压素　是否忠诚的关键。在亲密的身体接触中，可以刺激这种激素分泌，和谐的性生活是维持婚姻关系永恒的必要条件。

动物实验中已经得到验证，注射了后叶加压素的雄性野鼠对交配过的雌性的兴趣会远远高于对其他雌性野鼠的兴趣，而面对其他雄性野鼠对自己伴侣的亲昵行为，它也表现得更加好斗。而脑下垂体后叶荷尔蒙注射入老鼠体内会引起勃起。近年来美国几位专家（如 Sue Carter 和 ThomasInsel）就曾尝试拿“伴侣关系”特别稳定的土播鼠与最不稳定的山鼠作比较，发现土播鼠对脑下垂体后叶荷尔蒙的感应力特强，而山鼠则相反；同时一旦土播鼠交配时的上述荷尔蒙受干扰，交配后便不宜结合为伴侣，而一旦把该种荷尔蒙感应基因移植在山鼠身上，山鼠便较愿担负社会责任与配偶责任。这些实验说明，即便是贞操、忠心，也可能是生物化学的奴隶。

这个实验跟人类生活中的现象相对比较吻合。如果你是一个男人，在结婚前谈了一个女朋友，在没有发生性关系的时候，有其他男人追求女孩的时候表现出来的好斗心理，远远没有发生性关系以后表现出来的强烈。

Theresa L. Crenshaw 医学博士研究表明这种激素可以促进人产生爱的感觉。合成脑下垂体后叶荷尔蒙可以用于治疗抑郁和强制性行为。我们可以转回性的话题，很多人都说“男人先有性后有爱”，事实上这种说法不是没有道理，在和谐的性生活作用下，产生的后叶加压素促进了他们产生爱的感觉。所以在生活中一个本不喜欢一个女孩的男人，一旦跟这个女孩发生了性关系，是有可能喜欢上这个女孩，并且很可能跟她建立婚姻关系的。同时也解释了，婚姻中的男人一旦被“小三”勾引，的确也不好自拔，因为他们很可能因为一次的“激情”而喜欢上了这个女人，尤其是那些比自己爱人更有年龄和生理特征优势的女人。

对于婚前是否同居的问题，我本人持中立的态度，不赞成也不反对。是否要选择婚前同居，这和很多因素有关系，比如说家庭干预与当事人的价值观。但是可以肯定的一点就是，虽然性关系会产生该激素，也会促进爱的感觉，但这种激素也是会受情绪因素所影响，在爱情走入婚姻的过程中，我们可以把这种激素看成是“最后一步棋”，棋子落地，接下来如何选择，个人认为不宜太久。

爱情到底能持续多长时间？有永恒的爱情吗？科学家们已找到这个问题的答案。PEA、多巴胺、去甲肾上腺素、内啡呔、vasopressin 都是影响爱情的“爱情荷尔蒙”。一般来说 PEA 的浓度高峰可以持续 6 个月到 4 年左右的时间，平均不到 30 个月（2.5 年）。这和社会学调查得出的数据很接近。

你能保持几年？不用试图去挽回谁的心，在他（她）对你的爱消耗干净前请选择结婚吧。

第三章
健康的婚姻需要经常做“体检”

当人们到医院检测出疾病的时候，总是抱怨上天对自己不公平，却很少考虑自己平时是如何虐待自己的身体，熬夜、抽烟、喝酒等，事实上在生病之前身体会有提醒，比如说疲劳、抑郁。当一段婚姻走到尽头前，我们不要抱怨选择错了，是我们忘了给婚姻体检。

量量你的婚姻体温

这是由美国丹佛大学心理学家史丹利（Dr. Stanley）博士所设计的一份“婚姻温度计”，下面请各位拿出纸笔来测测自己的婚姻体温。

这份婚姻测量工具共有八题，可以从1分到3分来计算。
“从未”或“极少发生”——（1分） “偶尔发生”——（2分） “经常发生”——（3分）
* 伴侣或爱人会批评、轻看我的意见、感觉与需求。 * 我的话语或行为常被伴侣误认为带有恶意。 * 有问题需要解决时，我们似乎总站在敌对的立场。 * 我不太能告诉伴侣我真正的想法与感觉。 * 我会认真幻想着，要是换个伴儿不知是何滋味？ * 在此婚姻爱情关系中，我觉得很寂寞。 * 我们吵架时，总有一方不愿再谈，开始退避或离开现场。

当你把各题的分数加在一起时，如果总分在8分至12分之间，你们的婚姻状况很健康，在绿灯区。如果总分在13分到17分之间，你们的婚姻已亮起黄灯，需要警惕，致力改进。但如果总分超过18分，你们的婚姻已经进入极危险的红灯区，需要马上采取行动，在沉船之前赶快把洞补好。

做此测量时请注意，你对婚姻的评分很可能有异于你配偶的评分，如果双方都愿意，你们可以分享各人评分的结果，借此良机，好好深入沟通，互相了解并反省自己可以补足、改进之处。

我们总是容易被外界所左右

近朱者赤近墨者黑，从前是这样，现在是这样，将来还会是这样。一对夫妻的组成部分是两个人，其中的一个“坏了”，夫妻组合就“坏了”。而一个人变坏是有道理的，“人之初，性本善”，也许没有变坏，但总是对事物的看法有所影响。一个人的工作性质、工作中接触的人以及工作以外时间的安排，对一个人都会产生潜移默化的影响。

关于工作对人的影响，曾在网上看到这样一个帖子：“我是理工科，毕业以后一直跟一堆冰冷的设备打交道，我一直认为我虽然内心渴望爱情，却一直没有‘艳遇’，是因为有个原因，工作要求我绝对的理性，逻辑思维要非常强。所以我原来那些触景生情和对异性的思念，这两年被扳手和螺丝刀，以及技术工种的同事那种粗犷得几乎粗鲁的工作和交流方式，磨得也不那么强烈了。”试问这种理性，会不会穿插在家庭生活中？毫无疑问。强烈的论据思维会不会对身边的事物采用同样的思维方式？那种被接近粗鲁的交流方式，会不会转嫁于工作以外的人？

经常听到司机这样说：“当司机，性格早就被工作给磨圆了。堵车你急了没用吧？冰雪天气封路在中国是常有的事情，只能靠边睡觉。等着卸货装货也不能着急，那么一大货柜要是在没有叉车的地方，至少要一个小时以上才能卸完。有时还会遇到交警检查、迷路、改地址等，要是性子急的人非急出毛病来，干久了，学会心平气和，习惯了。”

我们不能一一说明每个职业的特点，但希望每个人都能认识到工作性质本身对人的影响是很大的，毕竟工作占据我们生命周期中很大部分时间。除了工作性质之外，我们也不能忘记，工作时候接触的人，言传身教，好的坏的都会有影响。

我出生在河北张家口坝上的一个小镇上，改革开放后，我们那个地方的男人基本上选择外出务工，女人在家里种地，在我的记忆中这种模式持续了很长时间。隔壁有一个村当时很出名，不是特产也不是现在的 GDP，而是那个村的女孩女人们都很开放，用我们那里人的话来形容“比那些城市人开放多了”，本来信息闭塞的小乡村应该相对保守才对，为什么会那么开放？原因是那个村的男人们形成了一支专业流动劳动力，基本开春的时候就外出，除了过年回家，也就是秋收的时候个别人会回来帮帮家里的女人。由于气候的原因在坝上只能种一季粮食，所以女人们大半年都是在空闲中度过的，到了冬天更是冷得连门都不太愿意出，那些没有太多事可做的女人们除了聚在一起打麻将，就是拉家常，结婚的没结婚的在一起，无话不谈，俗话说：“三个女人一台戏”，这么多女人在一起就是连续剧了。其他地方的男人都喜欢去那个村闲逛，“绯闻”不断。结婚的没结婚的都不间断传出“绯闻”，因此而“出名”。弄得我们那里的男人都不敢和这个村的女人结婚，就是个别有那么几个，男人都很少让女人回娘家。有一回一个女人可能是想回去看她妈，悄悄地在下了一尺多厚的雪天跑回去了，结果被她老公知道了，硬是把她连打带拖地揪回来，只记得很多人看，在雪地里女人的嘴角还流着血，在耀眼的白雪的衬托下，我看得很清楚，记得也很清楚。

记得在惠州跟一个三十多岁的女人聊天，在很多人眼里她特别想得开，她老公经常出入夜总会，有时碰到自己特别喜欢的女孩，回家还会跟老婆分享。我问她，你不在乎老公的行为吗？“不在乎，在乎也没用呀，你看看他身边那些朋友都是那样的，做生意嘛，有时候为了应酬，逢场作戏也免不了的，我只要把钱管住了就可以了，只要钱在手里就不怕，至少孩子不会受委屈，自己老了也有保障，至于他，随他去吧，只要是不染病回来就行了。”想想也挺有道理，一个人一种活法，我认为这种活法比较适合她，至少是没有太多选择中比较好的一种。能不能不是这样的结果？也许可以，接下来的章节中会有些预防的技巧，我想如果自己善于学习技能，从预防开始应用经营策略，不是这样的结果也不是没有可能。

一个人除了上班，除了睡觉，剩余时间的安排方式，也会对一个人的心智模式产生不小的影响。一个在业余时间选择打篮球的男人和一个选择找朋友喝酒的男人，他们的婚姻会因此受到影响吗？答案是肯定的。只要是时钟在走动，那这个时间里总有事情发生，发生事情总会涉及人。不难理解，除了睡觉，我们把一个人一天的时间分成工作时间和工作外时间，既然工作时间的工作性质和工作时间接触的人对人会有影响，那工作外的时间，选择的事情跟这个时间段接触的人对人一样也会产生影响。

总之一个人每个时间接触的每个人跟每件事情对人都是一个信号的传入，这些信号的类型与强度会对人产生相应的影响，有些事情也许是没有办法改变的，但有针对性地改善一些情况还是可以掌握的。

输入信息“化验单”

<table>
<tr><td rowspan="3">工作时间</td><td>性质</td><td>描述</td><td rowspan="3">现在掌握事情与工作性质与接触人之间关系的分析</td></tr>
<tr><td rowspan="2">人</td><td>某某</td></tr>
<tr><td>某某</td></tr>
<tr><td rowspan="2">工作外时间</td><td>喜欢做的事情</td><td>描述</td><td rowspan="2">现在掌握事情与喜欢做的事情与接触人之间关系的分析</td></tr>
<tr><td>人</td><td>某某</td></tr>
</table>

这个表格就相当于一张“化验单”，有了这张“化验单”，我们能为接下来的改善婚姻中出现的问题提供重要的理论依据。这张“化验单”的化验方法，最好是要出来四份，双方各自做一份对方的，做一份自己的。做的过程先不要想怎么解决这些事情，一心一意地做好表格规定的内容，你就像一个检验科的医生，他们只负责出化验结果，不会去治疗。

信念就是事情应该是怎样的

NLP 信念系统（BVR）讲述，一个人面对世界种种事物的处理态度，所依据的是他的信念系统。因此，可以说维持这个人在这个世界生活下去的模式就是他的信念系统，而这个信念系统的效率便决定了这个人的人生是否成功和快乐。信念系统其实可以分为信念、价值和规条。

信念是对世界上人或事自己认为可以确信的看法，是一个人一种坚定不移的想法。巴金在《关于，〈家〉》中写道：“然而单说愤怒和留恋是不够的。我还要提说一样更重要的东西，那就是信念。”

信念就是事情应该是怎样的。“身为丈夫，应该记住老婆的生日”；或者事情就是这样的。“男人下班后第一件事本来就要回家”。是一个人的主观判断，是我们认为维持世界运作下去的法则，是解释和支持行动或没有行动、解释和支持变化或没有变化的理由，是对于这个世界各种关系的主观逻辑定律。对很多人来说，信念也就等同于真理——事情本来就应该是这样的。所以，对某一信念的拥有人来讲，信念是绝对的、是可以确信的。

人的绝大部分信念都存在于潜意识里，不会也不能全部在意识层面呈现出来。它们在潜意识里每天在默默地照顾这个人，人们活下去的每一秒钟都是有赖于它们。一个人如果出现一种“不知如何是好”的感觉，就是失去了信念的支撑。

当一个人坚持着一个信念的时候，一切不符合这个信念的东西他都会视而不见，我们会经常有一种感觉：“哎，这里还有卖这个东西的，我怎么一直都不知道呢”，也许你开车经常经过这个地方。被伤害过无数次的女人，说了一句话“这个世界上没有一个男人是好东西”，试想其他男人的优点，她又能看到多少呢？

我们对一件事物，必须有了信念，才能知道如何行动，也就是说行动是由信念决定。一个没有游泳知识，从来都没有下过水的人，掉进河里的时候，他会做什么？乱扑腾。对游泳没有什么信念，就会在记忆经验里找出类似或接近的资料，作一个决定（信念的决定），乱扑腾。

信念的种类

1. 相等式信念 确定事物之意义，一项事物与另一项事物的意义相同。X = Y，比如：沉默就是没理。在家里经常会出现这样的情况，夫妻俩吵架，男人躲在房间里，把门反锁上，妻子在门外骂了半小时，里面都没有一点反应，越骂越气的妻子在外面大声说：“怎么不说话呀，你就是没理。”

语言中常常带有：是、即是、等于、就是、便是等。

2. 因果式信念 一项事物导致另一项事物的产生或发生。X→Y，比如，因为你是男人，所以要帮女人拿东西。一次在火车上听到邻座下面这样的对话。一个漂亮的女孩向身边的一个妇女说：“哇，你一个女人出门带这么多东西？”“嗯，都是要用的东西，省得再买。”“那也是，哎，对了，下车时可以让他帮你拿呀！”女孩指着身边大约30岁出头的男子说。男子有点为难地说：“我的东西也挺多的。”“你是男人嘛，应该帮她拿一下的。”“呵呵，我东西真挺多。”“这个可不是男人的作风哦!”“我帮她拿，要是你能答应我一个条件，我倒是可以帮你拿。”“什么呀，我又没什么东西，不过我还是想知道答应你什么条件?”“下车后，跟我回家过夜。”说完那个男人带着自己的东西去了别的车厢，留在这节车厢里的是一片尴尬……

语言中常常带有：因为……所以、引起、使得、造成、导致、如果、终会、终于、结果、将会、只会等。

3. 规条式信念 事物中的选择性受到限制。比如：“你不可以出差两天了都不给家里来一个电话。”“你不能在我不在场的时候，单独跟其他女人吃饭。”

常用词包括：能/不能，可以/不可以，可能/不可能，需要/不需要，会/不会，要/不要，也许会/也许不会等。

4. 简单明确的判断式信念 把事物的主观猜测当作必然，一般选用肯定的语气描述一件事或一个人，没有特定用词。比如：“你做人不行”“做父亲你不称职”。

信念是由感觉接收进来的信号沉淀完成的

由自己亲身经历的经验，例如曾失恋过，然后知道失恋是很痛苦的。

经过观察他人而得到的经验，例如情人节看见很多女孩收到了男孩送的玫瑰，因而知道送玫瑰是表达爱意的一种方法。

接受了自己信任的人的灌输，例如妈妈说要离陌生人远一点，所以我们接触陌生人的时候就有抵触心理。

自我思考作出的总结，例如，老公为什么对我没有以前那么好了，苦思冥想之下，终于给自己一个答案，是因为他喜欢上别的女人了。

价值观是指一个人对周围客观事物（包括人、事、物）的意义、重要性的总评价和总看法。一方面表现为价值取向、价值追求，凝结为一定的价值目标；另一方面表现为价值尺度和准则，成为人们判断事物有无价值及价值大小的评价标准。

价值观是人生主要的动力源头，当个人的价值观得到满足时，我们会得到满足感、协调感或成就感；当价值观不可能得到满足，我们便会感到不满、矛盾或被冒犯。每个人都会根据事件对自己的意义和重要程度，而为它的价值层次排序。

价值观具有相对的稳定性和持久性。在特定的时间、地点、条件下，人们的价值观总是相对稳定和持久的。对某种事物的好坏总有一个看法和评价，在条件不变的情况下这种看法不会改变。在电视剧《知足常乐》中，大姐如果没有把她老公捉奸在床，她一直都认为她老公不可能有外遇。

大部分的价值观是潜意识的，故此我们并不能察觉它的存在。但人们通常只留意到自己在意识层面的价值观。因此，潜意识与有意识之间的价值观可能互相矛盾。

一个人的价值观不是永恒不变的，年轻时代他可能追求乐趣和别人的接受、中年时代他强调金钱收入和地位、而老年时代他更在乎安稳和被人尊重。一对男女在恋爱时卿卿我我，结婚后面对生活压力，就会产生“家庭战争”。任何事情的价值都不是固定不变的。价值观是随着时间、环境、经验、思想和情绪而不断地改变的。价值也可以人为地被创造、增大和转移。

创造价值：你会为让老公对自己更好而去孝顺他的父母，你会为照顾老公的面子而脱去自己喜欢的高跟鞋。

增大价值：如何才能让自己更幸福，通过学习一些亲子知识，掌握一些经营婚姻的技巧。

转移价值：不再为别人眼中的负责任妈妈的形象而活，决定改嫁。不再做“三围”女人（围锅台、围老公、围小孩），让自己做个有魅力的女人。

规条是通过一些程序模式去保证取得价值和实现信念。规条是已知的、最有效率的方法去达到上述的目的，因此会被重复地运用。

规条会涉及人、事、物的组织安排和活动，故此有清晰的动词在其中。

坚持无效的规条而忽略了所追求的价值和所信奉的信念，在很多人的生活里经常出现一些让人很困扰的事情，辛苦努力但总是徒劳无功。

很多母亲因为孩子不听自己的话而感到苦恼，想尽方法都无济于事，她们没有意识到在几次给孩子指令失效的时候，就应该改变做法，而不是坚持“老办法”。

信念、价值、规条一起构成我们的信念系统

“夫妻之间应该经常相拥依偎，这样才显出我们幸福，所以我们逛街的时候要牵手或搂腰。”

信念：“夫妻之间应该经常相拥依偎。”信念中常有“应该”“必须”等词语，以显出其绝对性、普遍性，但是动词是不明显的。

价值：幸福。

规条：“牵手搂腰”这个行为，目的是使夫妻取得“幸福”的价值，并且实现了“夫妻之间应该经常相拥依偎”的信念，注意所用动词“要”十分清晰。

总之，信念、价值观和规条统称为“信念系统”，是一个人的人生观、他所有意念行为的思想基础。信念系统操纵着我们婚姻里的每一件事，是做或不做任何事的基本决定原因。信念系统也是我们对事物作出判断的基础和依据。信念系统使我们的大脑能自动地去思考和行动。自动的意思是潜意识完全控制，以便空出意识去注意环境出现的信息。

信念是事情应该是怎样的，是事情的原因；价值是事情的意义，其中什么重要、能得到怎样的好处等；规条是事情怎样安排才能取得价值，实现信念。其实，价值和规条也是信念的一部分，是具有特别性质的两个信念部分。

婚姻中夫妻双方内心的困扰，都是来自一些信念、价值观或规条的冲突。夫妻之间的冲突，也是起源于两者内心的信念、价值观或规条的冲突。让我们先把下面几张表格填好，如同输入信息“化验单”一样先不去管它的结果，写好就行，也许可以为婚姻中的部分困惑找到依据。

婚姻信念系统“化验单”1

你认为维持一个良好的婚姻他（她）应该怎么做	你认为维护一个良好的婚姻他（她）不应该做什么	你能肯定的他（她）身上哪些特征是影响你们婚姻的因素	他（做）什么事的时候你感觉是不爱你的举动

你所写下的句子，确定它是一个信念而不是一个行为或活动的把它移到下面的空间里

婚姻信念系统“化验单”2

保持愉悦的心情，不要想太多，闭上眼睛做几次深呼吸，然后开始选择，放在婚姻中感觉对你重要或你感觉不错的词，用记号标出来
责任 性爱 流泪 相拥 热吻 开心 亲情 快乐 健康 自由 美丽 勇气 自信 幸福 关心 学习 面子 奉献 真诚 兴奋 爱 尊重 真实 尊严 安全 稳定 活泼 智慧 伟大 权利 幽默 高兴 崇高 和谐 痛苦 主动 乐趣 活力 公平 和平 质量 珍惜 坚持 体贴 吸引 热情 忠诚 品位 享受 完美 娱乐 独立 地位 浪漫 感激 激情 理解 同情 忠诚 欣赏 控制 包容 平静 宽容 相爱 搀扶 认同 一生 壮实 性感 苗条 原谅
现在重新评估一下你所选的词，然后从中选出 8 个你认为重要的词
读上 10 遍 注意一下内心的感受，它们是否代表着你内心真正的渴望的婚姻。再次精心挑选其中的 3 个词，工工整整写在下面的空格内

婚姻信念系统“化验单”3

你不能忍受他（她）的行为	你现在应对他（她）这些行为的方法

对待同一条短信的两种心态

心理状态是一种动态的心理活动，我们现在讨论的是基于夫妻双方的信念系统，而产生的对待婚姻中相关事物的态度。往往以情绪的方式表现出来，同时对方也可以感觉到。我们经常听到在企业培训课程里面提到“心态决定命运”，一个人的心态是会决定一个人的成长速度及高度，最终也会决定一个人若干年以后以什么样的角色在社会上生存。

在给企业讲培训消费者心理构成时，我经常举一个例子：一个商场某流行饰品专柜，两个营业员小王、小赵。当一个穿着朴素、年龄在50多岁的女性走近专柜时，这两个营业员快速的心理活动开始了，小王：看她穿着这么朴素，一看就不是个时尚的人，我们这么新潮的饰品她肯定不会买，还是个老太太，我们的东西也不便宜，她不像能消费起的人。小赵：这个人穿着这么朴素，年龄又这么大了，明明看到我们是流行饰品店，她还走进来，应该是有特殊事情需要这些物品或者可能是买来送人的。经过短暂而快速的心理活动后，小王表情淡漠：“您好，请随便看看。”小赵则热情迎上去：“您好，很高兴为您服务，如果您参加重要活动这边的饰品比较多，如果您要是买来送人，很多顾客最后都会在那边一栏里选到合适的饰品。”这是发生在某商场里真实的事情，当事人就是我母亲，那次她特意到那里购买饰品送给我女儿。很显然对同样的人，小王和小赵她们心理活动是不同的，事实上结果也是不同的。如果小王一直都是保持着类似的心理活动，我想她会浪费很多机会，长此以往，雇用她企业的效益也会因为她个人的心理活动而受到影响。

在婚姻中，夫妻双方的心态至关重要，同样一件事，发生在不同人的身上就会产生不同的心理活动，而这种心理活动直接影响的就是对这件事情产生的不同的情绪反应，不同的情绪传递给他人时，效应也是不同的。

比如说这样一件事的发生：老公跟一个挺漂亮的女同事一起出差了（老婆也知道这个同事），计划两天的时间，第一天晚上十点左右老公给老婆发一条短信：亲爱的老婆，我刚刚忙完，不用说还真有点累了，明天还有很多事情，今天想早点休息了，老婆你也早点睡，晚安老婆，亲亲。

这件事要是放在你的身上，你会怎么想？不同人会有不同的心理活动。

有人会想："跟美女出差还累，不会是故意发个信息过来搪塞我，他们去做什么见不得人的事吧？"越想越担心，一个电话过去了："这么早就睡呀？""有点累了。""干吗呢？怎么会这么累呢？""跟这边公司的员工沟通了一下接下来的计划。""沟通计划还累呀，不就是动了动嘴嘛，也不至于累呀？""沟通完计划又一起吃了饭，又聊了一下专业方面的问题。""还不是一直在动嘴嘛！""老婆，我真的挺累了。""反正你现在外面累不累我也看不见，你做什么我都不知道，你想怎么说就怎么说。""你……我……""你什么你，我什么我，我说得不对吗？"这样的对话，这个老公不做半个晚上噩梦那一定是失眠了，失眠的时候会想什么呢？不好讲。

有人也许会这么想："老公这么累了还给我发信息，应该是怕我担心他。"越想越开心，然后回了一条信息："老公真好，这么累了还记着给我发信息，有你这条信息我今晚一定会做个好梦，老公不要回复了，等你回过来我都已经幸福地睡着了，那就看不到了，老公辛苦了。”看了这样的短信，老公会感觉更加幸福。

其实我们不难发现，无论哪一种结果从根源上搜寻都是心理活动产生的情绪在作祟。第一位妻子收到信息后，明显反应出来的情绪是怀疑，愤怒的。而第二位妻子收到信息后表现出来是信任的、欣慰的。负面的情绪产生，传递给别人的就是负面的，产生的结果也会是负面的，积极乐观的情绪产生，传递给别人的就是乐观的开心的，产生的结果也不会差。负面情绪给我们婚姻带来了很大的麻烦，本来一件挺好的事，负面情绪出现就会让它变了味道，一件两件无伤大雅，这样的事情多了，甚至时时刻刻地发生，处在这个情景中的夫妻，都会觉得很累，都会让人身心疲惫。

心理活动由一个人的信念系统决定，心理活动可能我们不好调整或者说不是在短时间内可以调整的，但在情绪输出关卡上，我们是可以通过一些努力和技巧来过滤一下的。

NLP 中次感元练习的几个技巧我们可以很好地应用一下，下面这几张表格我们要在一个安静的地方完成，给自己一个空间，让我们好好地来回顾一下婚姻中的点点滴滴，那些开心的、不开心的事都是我们的生活的组成部分，找到那些不开心的事，不要把它隐藏在内心的深处，也许我们不想再提起它，也许我们认为已经放下，可它还是可能在背后悄悄地影响着我们的生活，影响着我们的婚姻。

下面三个类型的表格，希望能够把每类型最深刻的那个记录下来，也许你想记录多个，那也没有问题，只要你按这个表格多做几份就可以了。

婚姻心理状态表格 1

写下曾经看到的最能引发你负面情绪的一件事：（闭上眼睛，放松心情，在脑海里过滤这件事情，然后回答下面的问题）	
是什么颜色，彩色还是黑白	
距离是远还是近	
是明亮还是昏暗	
位置在上下左右	
体积大还是小	
景象清晰还是模糊	
是固定的还是移动的	
有无边框	
图片数量多还是少	
快还是慢	
视觉角度是上下左右	

婚姻心理状态表格 2

写下曾经听到的最能引发你负面情绪的一句话：（闭上眼睛，放松心情，在脑海里过滤这句话，然后回答下面的问题）	
音量高低	
来源内外	
距离远近	
方向上下左右	
位置上下左右	
节奏快慢	
是否清晰	
持续还是停顿	

婚姻心理状态表格 3

写下曾经最能引发你负面情绪的一件事：（闭上眼睛，放松心情，在脑海里过滤这件事情，然后回答下面的问题）	
位置上下左右	
范围大小	
有无形状	
感觉强弱	
是否移动	
时间长短	
有无震动	
有无压力	

不要让那些负面的语言伤了彼此

在婚姻家庭中，夫妻双方最能表现在对方面前的就是语言和行为，我们每天的语言交流，每句话的语音语气语调和快慢，都在刺激着婚姻家庭中另一个人的神经，每天的行为互动，每件事同样刺激着对方的神经，有好的刺激，也有不好的刺激。

2010 年春节，我去南昌一个朋友家。一年多没见面的老朋友，喝酒是免不了的。他妻子加班才回来，好家伙，除了我妻子的一小杯，我们两瓶白酒很快见底了。他妻子与我们由于彼此都很熟也就没那么多客套，几句问候，她自然地说："大过年的，累死我了，那么多吃饭的人，连我这个主管都要上手，最后还碰见一个顾客，真的很讨厌，挑三拣四的烦死了。”我朋友说：“不要烦，老婆，跟那种人烦不值得，大过年的，更没必要。”“要不是我是主管，要不是顾客是上帝，我真想咬他一口。”“不行就换个工作吧。”“你说的倒是容易，现在工作多难找呀，好歹每个月都有三千多，房子贷了那么多款，还要生孩子，靠你一个人，我们就不要吃饭了，尽说那些不着边的话。”“你这人，我只是想安慰你，你怎么冲着我来了？”“安慰我？你要是能跟你们学校的副校长一样，让老婆安心在家打麻将，那样才是安慰我。”“副校长好，你跟他过去，结婚的时候你就该选择他，对了，你结婚的时候人家已经有老婆了，你可以做小三……”一杯水泼了过来，大过年的，大冬天的，南昌又没有暖气，多冷呀，包括心。

我们经常听到“好事不出门，坏事传千里”这句话，是因为人们天性中就关注坏事，而好事在人们的概念里总是认为“本来就应该是这样”。同样道理，不好的刺激往往比好的刺激更能刺激人们的神经。在《行为经济学》中提到，一个人丢掉100元的痛苦要远远大于捡到100元的快乐。如果按这样的逻辑分析，在婚姻中好的刺激和坏的刺激各占一半的情况下，这段婚姻往往是坏的刺激占上风，而且是大大的上风，尤其是那种不该说的话，还有那些不该做的事。

我们家就两兄弟，没有姐妹，母亲看着我们一天天长大，不得不考虑两个儿子结婚后如何与媳妇搞好关系的问题，我们老家可能是由于不富裕的缘故，男孩娶媳妇都要花很多钱，父母一辈子攒下的钱都不一定够用，而且还要讨好女方，最后造成的局面就是媳妇往往成了一家之主，男人都是被“压迫”着过日子，男方的父母在媳妇面前都是能忍就忍、能让就让，严重点说都可以说是低声下气，相当一部分婆婆都被媳妇打骂过，在这种环境下，身为两个儿子的父母，当然担心以后有了两个媳妇的生活。

我13岁那年，我们镇上出了一个“英雄”，从那个“英雄”出现以后，我母亲用他的例子整整教育了我15年。这个“英雄”很小父亲就去世了，他妈妈没有改嫁，不仅培养他成才，还给他娶了媳妇，他从结婚那天起，就告诉他老婆：“我妈不容易，不像其他家里，她一个人既当妈又当爹，如果不是我妈，我说不定都活不到现在，所以老婆，咱要对妈好一点，我们是夫妻，两个人在一起过日子，以后多多少少会有脸红脖子粗的时候，无论是谁的错，我都会让着你。只有一件事我不会原谅你：动手打我妈，哪怕是一个指头。”

由于男人在外地教书，每周才回一次家，大部分时间是婆媳俩一起生活。丈夫每次回家都会买三斤肉，怕媳妇不舍得买，走的时候总是要叮嘱媳妇给妈妈做着吃，也会叮嘱妈妈不要舍不得吃，媳妇每次都是丈夫在的时候就吃，丈夫一走就把剩下的肉藏起来了，丈夫每次回来问他妈妈有没有吃肉，妈妈都说吃了。三年过去了，男子一如既往地买肉，媳妇一如既往地藏肉，妈妈一如既往地说吃了肉。

有一天，丈夫又回去了，又买了肉，回家后只有妈妈一个人在家，妈妈说亲家母身体不舒服，媳妇回娘家四五天了，妈妈跟儿子一起到厨房做饭的时候，丈夫闻到一股臭味，他找来找去，在瓮（北方农村用来装水的容器）后面找到了一块腐烂的肉。经过儿子的盘问，妈妈说出了三年来，其实她一直都没有吃肉，媳妇每次都是把肉带回了娘家。这次估计是走得匆忙忘记带了。等媳妇回来，丈夫责问她，两人结婚以来从来没吵得这么凶，最后丈夫还是原谅了媳妇。

第二天一早，丈夫刚出门，媳妇就跑到婆婆那里，骂她不应该跟她儿子说这件事，害得两人昨天吵架，并张牙舞爪地还上去推了一下婆婆，就在婆婆被推倒的一瞬间，被回来取忘了带的东西的儿子看到了。这一刻时间凝固了，静得没有一点声音，半分钟过去了，这种静被丈夫一个低沉的声音打破了："我们离婚吧。"妻子扑通跪在地上连忙道歉，妈妈也在旁边说："没事，都是误会。"丈夫抛了一句"必须离"，就头也不回走了……有些事是不可以做的，做了就没有挽回的机会了。

当然，在婚姻生活中，没有太多类似于这样不可以做的事，也没有几句导致无法挽回的话，但负面的语言行为对另一半内心的刺激却是深刻的。

填写下面表格时，不用局限于表格的数量，可以不填完，不够可以补充追加表格。

夫妻行为语言表格 1

你说过的让对方两次或者两次以上拿出来说事的负面的话	你做过的让对方两次或者两次以上拿来说事的负面行为

回答下面问题时，要真正想到那件事情并认真回忆当时的感觉，而不是"应该"，比如说，最近一次对方睡前给你拥抱是昨天，那你要想，昨天他（她）拥抱我的时候，我当时是什么感觉呢？想，一定要想感觉再回答问题。而不是想，对方睡前给我拥抱我应该感觉很幸福这句话的本身。

夫妻行为语言表格 2

最近一次对方睡前的拥抱，你是否感觉很幸福	
最近一次对方跟你说“辛苦了”，你是否感觉很欣慰	
最近一次对方给你夹菜，你是否会感觉胃口大开	
最近一次一起逛街，你是否很开心	
最近一次对方接你回家，你是否感觉很温馨	
最近一次对方称呼你最想让她（他）叫的称呼时，你是否感觉开心	
最近一次对方在众人面前叫你老婆（老公）时，你是否感觉很得意	
最近一次对方在你半睡半醒间给你盖好踢开的被子时，你是否感觉很幸福	
最近一次对方主动做平时一直都是你在做的家务活时，你是否很感谢	
最近一次对方积极帮你解决你的求助时，你是否感觉很欣慰	
最近一次对方向你透露他（她）的烦心事时，你是否感觉被重视	
最近一次对方对你说“我爱你”时，你是否感觉久违的开心	

别让那些坏习惯成为婚姻中的“病毒”

我们经常听到“习惯决定命运”这样的说法，无论是在工作中，还是在婚姻生活中，一个人养成良好的习惯是很重要的。也许我们早就听腻了“什么什么很重要”这类的话，以至于让我们看到这样的字眼时，并没有多大的内心感触，或者说无动于衷都不过分，因为我们经常看到这类话，看多了也就没有什么感觉了，其实这何尝不是一种习惯。

著名心理学家威廉·詹姆士说：“播下一个行动，收获一种习惯；播下一种习惯，收获一种性格；播下一种性格，收获一种命运。”夫妻双方的生活习惯，站姿、躺姿、吃菜的方向、挤牙膏的多少、放置物品的顺序、起床后被褥的收拾、穿衣的搭配等等，都有可能会产生磕磕碰碰。

有很多学者对婚姻中个体习惯对婚姻关系产生的负面影响进行了研究。事实上，个人的习惯的确重要，我们经常会听到“习惯决定命运”，同样，个人习惯从某种意义上一样决定着婚姻的“命运”。

不知道是巧合还是我对这方面比较敏感。在我身边发生了两个例子，一个简单的习惯对婚姻产生了很大的负面影响。

抖脚，坐着就喜欢抖，爱人不在乎也就无伤大雅，要是在乎了或者间歇性地在乎就有事了。一次在机场候机，在我旁边坐着一对夫妻，在候机的 20 分钟里，这位先生的脚一直在抖，边说边抖。最后还是抖出事了。他老婆突然压低声问（但我还是听到了）：“你冷吗？”男士回答：“不冷。”女人试图把声音压得更低一些，但明显穿透力更大（想发火，又怕人听到的那种声音）“不冷？不冷，你抖什么？没看见别人都看你吗？”男士狠狠地瞪了女士一眼，接下来没说话。一直从验票登机，到下飞机离开我的听觉范围，两个人都没有再说一句话。

一位大学同学，由于同在广东，所以经常聚会。他有句口头禅“不知道哦”，如果是真不知道，他接下来就没有话了，如果知道答案的话，他接下来就会说“哦，我知道，就是……”有一次我们到深圳聚会，在吃饭时，我们聊起了火车票的问题。一个同学问：“老五，我后天要去陕西出差，你知道从深圳怎么去方便吗？”让全场同学都很惊讶的话“不知道哦”，惊讶的不是这句话本身，是坐在他身边的女人跟他几乎是同时、用同样的音调说出来的，甚至连语气都相差不远（这个女人就是他的妻子，他结婚六年多了），接下来的事情，就跟这个问题没有什么关系了。男的大吼“你不说话会死呀”（很显然是触碰到了某根神经），女的则一摔筷子转身走人了。在晚上一起吃夜宵的时候，为了达到我的婚姻关系研究目的，我鼓动我妻子去了解他们的婚姻状况。两个女人在一起还真是好沟通，在不到半个小时的单独聊天中，我的妻子就掌握了我想要的结果（我的妻子知道我关注这方面，所以一直都很配合我的“工作”，在“实践”中她掌握了获取情报的“技能”）。后来在我妻子的转告中，我才知道，他们俩经常吵架，大部分都是因为这句“不知道哦”，用他老婆的话说就是：“不知道，不知道，就知道不知道，你问他什么他都是不知道，知道也说不知道，有时候真能把你气死，不知道也就算了，问题是他知道也说不知道，明明就是心不在焉嘛，不知道他每天满脑子在想什么呢？一听到他说‘不知道’我就冒火，我们俩吵架基本上都是在这句话出现的时候，所以有时候一天要吵很多次，现在吵得我都累了，哎，现在听他说的也少了，不过我们的话也少了。”妻子还告诉我一个很重要的信息，她在说这段话的时候，情绪很激动，估计是“心病”。一句话，就是一句话的习惯，假设没有这句习惯性的话，我们可以试想：他们俩感情应该比现在好一些。

当然如果要列举，坏习惯成千上万，这都是幸福婚姻的“病毒”。当“病毒”大量繁殖形成“疾病”的时候，也可能就是婚姻危机出现的时刻。很多人离婚以后，如果我们仔细听他（她）跟朋友聊天时所说的话，很多时候批判对方的往往都是对方的坏习惯。

现在我们来思考一个很重要的问题。我们每个人都知道坏习惯不好，每个人都知道坏习惯对婚姻有负面影响，谁都希望自己是一个满身优良习惯的人，都希望自己是一个拥有良好习惯的配偶。既然都希望，为什么我们不改掉这些坏习惯呢？不是不去改掉，而是根本就不知道自己有这些坏习惯。这个才是最关键的问题所在，很多人都不能意识到自己犯错误，意识不到那些错误在伤害着对方。

所谓习惯，就是不用意识思考就可以完成的行为或者是语言等。比如说口头禅，如果没有人提醒你有口头禅，你自己是很难发现的，如果你把自己的正常谈话录制15分钟，你就会惊奇地发现原来自己说了那么多“废话”。还有一些人，在说话的时候喜欢用手捋顺头发，这也是他们所不知道的行为，如果你用录像给自己看时，你会觉得自己是那么陌生。

现在回答一个可能你从来都没有想过的问题：你在你老公（老婆）心目当中是一个什么形象的人？也许你会回答得支支吾吾，也许你会说出几条。而实际上，我们真的不知道，我们在对方心目中是什么形象，他们（她们）在内心如何评价我们？在他们（她们）心目中我们是一个合格的妻子（丈夫）吗？他们（她们）平时对自己所说的都是心里话吗？这些我们都没有办法考证，但无论如何我们在配偶内心是有一个标准的，有一个我们所不知道的标准，也许是好的也许是不好的，而这个标准是什么决定的呢？就是平时我们所不知道说出来的话，就是那些连我们自己都不知道就做出来的事。这些话这些事，给他们（她们）内心留下什么样的印象，就会形成什么样的标准。

有人会说，我问过老公这个问题。我问他：“我在你心目中是一个什么形象？”他回答说：“美丽、大方、善解人意、一个世界上难得的好女子，好老婆。”这样的回答你信吗？

我们甚至不知道自己在父母心目中是一个什么样的孩子，在朋友心目中是一个什么样的人，在孩子心目中是一个什么样的父母，在老板心目中是一个什么样的员工，在员工心目中是一个什么样的领导者，这一切都是源于我们的习惯，我们那些连自己都不能意识到的习惯。

听听这些话熟悉吗？“我真的没想到你会这样想我”“我跟你结婚那么久，你一直都是这样认为我的吗？”“我一直都是这么假的人？那么有城府的人？”“我真心地为了你好，你却认为我一切都是为了我自己”……在我们婚姻中，工作生活中，听到这些话并不少。

如果我们说语言和行为对婚姻的影响是有意识的，那习惯对婚姻的影响便是潜意识的。潜意识的东西不会轻易跑到意识层面，我们很难意识到这些习惯的存在。当然不是说我们的缺点都全然无知，缺点有时会有人告诉你，或者当你受到惩罚的时候自己也可能会总结出来。

夫妻生活习惯表格1

序号	你所知道自己身上影响婚姻的坏习惯	你觉得他会怎么看待你这个习惯
习惯1		
习惯2		
习惯3		
习惯4		
习惯5		

夫妻生活习惯表格2

序号	列举在你眼中对方的坏习惯	你认为可能形成的原因
习惯1		
习惯2		
习惯3		
习惯4		
习惯5		

第四章
婚姻的“灵魂”与“肉体”

婚姻的灵魂是情感，灵魂没了，婚姻就如同“行尸走肉”；婚姻的肉体是健康，肉体没了，婚姻也会“魂飞魄散”。张艺谋的《山楂树之恋》，那段恋情中的山楂树，就是失去了“肉体”，寄托着孤独“灵魂”的一棵残缺的树。“灵魂”与“肉体”不可分割，并且相互影响。

结婚挺好，结婚后幸福更好

美国杨百翰大学科学家研究证实，婚姻的质量与男女双方的健康状况有明显关系。这项研究组织的受试者包括 303 名年龄在 20—68 岁的成人。其中，有男有女，有已婚，有单身的。他们为受试者安装了 24 小时动态血压监测仪，同时，已婚者被要求填写关于婚姻状况的调查表，单身者则填写有关他们社交网络的问卷。

结果显示，已婚者生活满意度高，夜间血压降幅相对较大；与婚姻关系紧张者相比，单身者夜间血压降幅相对偏低，以往的研究已经证实，在通常情况下，人体的血压在夜间会下降 15%—20%，如果血压下降率低不到这个指标，就证明身体不健康，因为如果人体血压在夜间仍然和白天相差无几，就会导致人各种内脏疾病的出现，特别是会直接提高心血管疾病的发病率和死亡率。

医学理论上，夜间血压降幅大小，是衡量人体健康状况的一项重要指标。这个调查结果却说明，婚姻幸福的人，夜间血压降幅大，也就是说健康状况更好，单身其次，最差的就是婚姻不幸福的人。

阅读过一些研究报告，结婚能令男女双方都变得更健康。对于婚姻与健康的关系研究表明，如果用是否结婚分类，已婚男女出现精神失调症状的概率是最低的，未婚的男女出现精神失调的症状比率相对较高。研究还发现，正在育有子女的已婚女性出现精神健康问题比率最小，说明子女不一定是精神压力的来源。还有研究显示：结婚的男人比单身男人长寿。

看来科学家是告诉我们，“结婚挺好，结婚后幸福更好”。

同时更有心理学家进行了深入研究，不仅仅结婚更有利于人们的身心健康，就是有了结婚欲望（结婚意向）的时候，都会精神更加健康，相反，那些离婚或者是恋爱分手的男女出现情绪抑郁焦虑的机会也会大大增加，出现放纵行为的概率也会更大。

在我记忆中，小时候有个邻居女孩因为父母离异而跟爷爷奶奶生活，在上学的时候也不太喜欢说话，一直都是独来独往。20 多岁时经确诊患了抑郁症。最后，不知什么原因，神经有些错乱，被爷爷送进了市里精神病院。很长一段时间没了消息，在我们几乎要忘掉这个人的时候，有一年春节，她回来看望爷爷奶奶了，不是一个人，是一家三口。还来我们家做客，很正常。当时没有提起身体好的经历。后来听人们说，这个女孩从医院出来的时候虽说好转了，但还是不太乐观，最后是结婚生子后才彻底健康的。

研究表明：单身男性更容易因心脏血管疾病去世。关键是还发现，这些单身男性并没有身体的毛病，而是缺乏心理上与感情上的安全感。相比男人，女性这方面的影响就会小些。可能跟女性更喜欢社交有关系，而且在社交的时候，女性更容易表露情感、宣泄情绪。“三个女人一台戏”，不要看“叽叽喳喳”“哭哭闹闹”，人家对身体有好处，她们可以在这个过程中把自己的“苦水”和邻居、同事甚至一个陌生人倒出来。而男人们这方面却做得不好，大多数的男人只能向自己的老婆诉苦或者是跟小孩发火以缓解精神压力（有时还吃闭门羹），更何况那些单身男士，跟谁诉苦，跟谁发飙呢？不能跟同事，也不能跟朋友，没有这样的资源。当然在这里提醒一下女人们，男人偶尔说话的声音大，也许并不是针对你，而是在宣泄压力，为了他的健康，“就知道回家跟老婆发火”这样的想法适当地转换一下，我们可以引导他的压力宣泄，不要把男人跟你说话声音大当成是拿你出气。一个人压力大就比较容易患心脑血管疾病。

对于女性健康与婚姻的关系，2006 年美国《心理健康》杂志发表的一项研究报告，指出女性健康与其婚姻状况同样有着密切关联。明尼苏达大学的研究者 D. E. 萨博士称，享有幸福婚姻的女性比较容易从职场的疲惫中解脱出来。主要是对一种叫可的松荷尔蒙的研究。是对婚姻满意度与可的松水平高低的日常监测。现代女性职场同男性一样，承受着职业压力，职场每天的紧张忙碌，会让身体内一种叫“可的松”的荷尔蒙分泌增高，身体就会感觉疲劳，精神感觉紧张，可的松水平长期居高不下，会导致各种身心疾病，包括抑郁、焦躁、持续性头晕、人际关系冲突、社会适应不良，甚至可能引发癌症。那也就是说，如果没有能够降低可的松，女性是会因为职业的紧张而引发身体亚健康。可喜的是，研究者们同时发现“温馨的港湾”可以让可的松降低，也就是一个开心愉悦的家，能够抚慰女性职场压力。如果家里能够提供轻松愉快的气氛，女性可的松的浓度就会降低，身体的疲劳和精神上的紧张就得到缓解。而不能够提供愉悦环境的家，对于女性们来说不是一个好消息。只能自己寻找解压的渠道来降低这种荷尔蒙，SPA 馆、美容院也许就成了她们的“港湾”。

我们说了结婚对身体有好处，那离婚与健康是否也有关系？得克萨斯大学的另一批研究者对离婚女性患心脏病的情况进行了考察，发现经历婚姻破碎过程和结果的女性，在其生命的中晚期患心脏病的概率比未离婚的女性高 60% 以上，而离婚男性患心脏病的情况与其离婚的关系却不明显。

此项研究人员对 1 万名中年女性和男性进行了长达 10 年的跟踪调查，每年对跟踪对象进行一次健康状况与生活方式的访谈，其结果是发现其中 10% 即 1030 人患上了心脏病，离婚女性中患心脏病的占 11. 6%；而对照组的非离婚女性患心脏病的概率随年龄而增加。51 岁的离婚女性中有 10.9% 患心脏病，而 60 岁的离婚女性中，心脏病概率达到 22%，而同龄的非离婚女性只有 7.3% 患心脏病。

这项研究告诉我们，离婚对女人的健康影响比男性更大。研究者们分析得出的结论是，这是因为女性更多地从家庭生活的角度来看待自身的价值，而男性更倾向于从职业的方面来衡量人生价值。

情感会影响人的健康，健康会影响情感吗？

婚姻成员的身体健康情况出现问题后，造成婚姻走到尽头的例子在我们身边应该是听到不少，人们大多对这样的情况报以同情回应，真正把健康的身体列入婚姻系统去爱护的人并不多，其实健康从一开始就对婚姻产生着关键的影响，到生命终结的前一刻都不曾停息。

一般很难想象，如果没有生什么重大疾病，健康对婚姻会有什么影响？

一个朋友跟我讲过他老家邻居的一个女孩的故事：女孩貌美如花，从中学时代起就是名副其实的校花，从小到大一直被羡慕、喜欢、夸奖的语言及眼光包围着，也许是这个原因促使她更加在乎自己对外表的装饰，天气再冷她也总是穿得“美丽冻人”，连寒冬腊月都穿裙子丝袜，在上大学期间得了风湿性心脏病，走一会儿就会气喘吁吁，动不动就感冒，由于这个原因，她退学回到家里调养。在回家的路上，女孩哭得很伤心，后悔自己太虚荣，后悔自己没听家人的话，现在把身体弄得这么糟糕，她知道那些美好的包围将会结束，取而代之的是漫长的跟病痛辛苦的斗争，对她来说意味着天已经塌了。

在她回去半年后，整个人变得郁郁寡欢，她的病也一天天地加重，再次到医院检查病情的时候，医生建议她做心脏瓣膜移植手术，这个消息无疑是雪上加霜，本来病痛的折磨已经让她痛苦不堪，加上家里经济拮据，一大笔的医疗费用让整个家庭死气沉沉的，她懊悔连累了父母，产生了轻生的念头，终于有一天，她服下安眠药决定结束自己的生命。

家人把她及时送到医院，她醒了，没有死去，睁开眼的一刹那，马上用被子捂住自己，这个时候她的心里比死还要难受，因为她看到了一个熟悉的面孔，她在大学时候的男朋友。“你走，我不想看到你。”“别这样，我知道你的情况后，一天一夜没有睡觉赶到这里，在这一路上，我想了很多，想到了以前我们在一起的点点滴滴，不管是健康时候的你，还是现在的你，我都愿意跟你在一起，因为我爱你，就让我用一生来照顾你吧，也许我们以后的生活会很辛苦，但我会努力让你过得幸福，有我你不要怕未来，再说你连死都不怕，你还有什么好怕的？我想好了，我们结婚吧！”女孩早已泣不成声。女孩没有办法拒绝他，两个人结婚了，婚后在男孩家人的资助下，女孩做了心脏瓣膜修复手术。女孩庆幸上天没有抛弃自己，在绝望的时候给了自己一份重大的礼物。

做了手术的女孩，还是不能跟健康人一样上班工作，只能在家里做一些简单的家务，累一点或时间长一点自己就不舒服，家庭的担子压在了老公的身上，为了让女孩不多想，老公经常早出晚归赚钱养家，时常拖着疲劳的身躯回家后还要做饭洗衣，但每次他强装着精力充沛。女孩能够感觉到老公很辛苦很累，老公回家的笑容都是强装出来的，但是她却无法为他承担什么，只能自己偷偷一个人流泪。

有一天，老公同事聚会，很晚都没有回家，她去找他，在一个餐馆包厢里听到老公的声音，她站在门口听到里面的老公已经喝醉了，说话结结巴巴的，正在跟同学们大倒苦水：“你们不知道，我真的活得很累，真的很累，有时我真的快坚持不下去了，你们说要是人能够一睡不再醒来该多好呀，有时真想逃到一个没有人的地方躲起来，可我不能这么干，我老婆还需要我照顾，还需要我回家的微笑……”她没有进去，流着泪跑了。

同事们散了，老公摇摇晃晃地给老婆炒了一个菜打包，回去躺在床上就睡觉了，直到第二天中午他才睁开眼睛。起身一看，老婆穿着谈恋爱时他送的那条裙子睡在客厅的沙发上，一种不祥的预感扑面而来。

送到医院，由于时间太长，服用安眠药剂量太大，没有抢救过来。留下一份遗书：亲爱的老公，对不起，原谅我作了这样的决定，好吗？老公，在我的生命中你是上天对我最大的恩赐，在我对生命绝望的时候，是你给了我活下来的勇气。我们结婚到现在，我真的很幸福，可是我的这种幸福却是自私的，我知道你很辛苦、很累，而这都是你本可以不去承受的。老公，你跟我说过“我连死都不怕还有什么好怕的”，可是，老公你知道吗？有一件事比死还要可怕，那就是看着你辛苦而我却帮不上什么……

组成婚姻的成员，可以不为自己想，也有义务为婚姻为家庭保护好自己的身体。在婚姻中每一次“肉体”的伤害，都会“惊魂动魄”。庆幸的是现在国人的保健意识越来越强，光有意识还是远远不够的，更重要的是要付诸行动，多学习保健方面的知识来预防疾病的发生，下面我们也从男女不同体质，生活环境等方面简单介绍一些与婚姻“肉体”相关的知识。

男人如“太阳”，女人像“月亮”

男人阳刚、朝气、充满活力，所以常常被比喻为太阳；女人柔美、婉约、温柔，所以常被比喻为月亮。中医中更有“男子为阳，女子为阴”的说法。太阳就比较简单，出来的时候就是白天，落下去了就是黑夜。而月亮就比较多变，有时圆，有时缺。其实现代医学也确认了一点，女人身体内部变化相对男人更为复杂。

由于各种因素，现在有一部分女性不愿意生小孩，这里我们不去讨论这种想法是否正确。孕育下一代是女性的“天职”，在数亿万年的人类进化过程中，因这一职能，女性的身体被进化成现在的结构，与男人有很大的区别，乳房、生殖器、月经、毛发等，而这一切的外表区别，实际上都是内部结构的不同，最大的内部结构不同是男女特有的生殖系统的腺体不一样，不一样的腺体分泌着不一样的激素。这些激素，让男人看起来更男人，让女人看起来更女人。

不知道人类有什么事情是不去尝试的，连这些男女体内特殊标志的激素都要来个互换。如果把女人体内的激素水平，通过注射补充形成男人体内激素的标准时，会出现什么结果呢？男性的第二特征随之就会出现。如果把男人体内的激素水平，通过注射补充形成女人体内激素的标准时，会不会出现女性的第二特征？我想大家都知道，会的。某些地区人家就是这么干的，六七岁的小男孩开始注射雌性激素，十六七的时候就长出了乳房，皮肤细腻，声音柔美，看上去比女人还要女人。

女人除了跟男人一样随着年龄的增长激素水平有所变化之外，在女人体内的激素水平每个月如同月之阴晴圆缺此消彼长。“女子二七天癸至，月事以时行”，如果没有特殊情况，女人都会来月经，月经是子宫内膜脱落产生的一种女性生理现象。医学告诉我们，子宫内膜的脱落，不是子宫想“折磨”自己，而是接受到卵巢分泌激素的指令，正是这个似乎正常得不能再正常的生理现象背后却隐藏着一个伟大的“秘密”，子宫之所以这么乐此不疲地进行周期性的内膜更替，就是希望能够为受精卵提供一个新鲜而又舒适的环境，好让它在上面快乐地成长成宝宝。

大多时候，在子宫形成适合受精卵着床最有营养的环境时，却没有受精卵“光临”，它会等待几天，为了保证营养的新鲜，在没有受精卵“光临”的情况下，身体会把这些“放置”时间长的内膜排出体外，随后再形成更加新鲜的。身体一般在28天的时间会完成新老的转换。医学上把这个过程，根据生理变化分成四个时期：

增殖期：经期后，在雌激素作用下，上皮细胞开始从内膜腺体的断端增生，向上覆盖子宫黏膜的表面，内膜变厚呈波纹状，腺体及间质明显增生，腺体数目增多、变宽，并渐屈曲。血管也增生，渐呈螺旋状。间质则增生致密。

分泌期：内膜继续增厚，腺体进一步增大与弯曲。排卵后6—10天，内膜出现高度分泌活动，腺体的弯曲与扩张达到高峰。分泌晚期时，子宫内膜的厚度为5—6毫米，分泌期的晚期子宫内膜可达到10毫米，此时内膜厚且松软，含有丰富营养物质，有利于受精卵着床发育。

月经前期：相当于黄体的退行期。腺体及腺上皮细胞开始缩小、分泌物干涸，表现为一种衰竭现象，内膜的厚度减少1/5—1/3。在月经开始前4—24小时，内膜螺旋小动脉出现局部痉挛性收缩，痉挛使整个内膜因缺血而坏死。血管壁通透性增加，继而血管扩张，血液从断裂的血管流出。

月经期：主要变化为内膜的出血与脱落。在内膜功能层，将使坏死的内膜剥脱，随血液排出，称之为月经。继之，内膜的基底层随即开始增生，形成新的内膜。故月经期实际上是一个周期的结束，也是下一周期的开始。

由此可见，子宫内膜的周期性变化是受卵巢分泌的激素调节，所以子宫内膜周期性变化与卵巢的周期性变化密切相关。子宫内膜的这种周期性有规律性的变化，一般维持到45—55岁。此后，子宫内膜周期性变化停止，进入绝经期。绝经期后的子宫内膜，由于失去卵巢激素的作用，呈萎缩状态，上皮细胞矮小，腺体少而小，分泌物减少或阙如。

月经周期前觉得乳房胀痛，有时还能摸到痛感的硬结，这是由于乳房的腺体与子宫内膜一样，也会随着月经周期的变化而出现经前增生期和经后复原期的变化。

月经周期乳房会有哪些生理变化？经前增生期是月经周期来潮前7—10天，此时由于雄激素及孕激素浓度增高，抗利尿激素功能亢进，醛固酮分泌增多，使乳腺管扩张，上皮细胞增生肥大，乳腺管四面基质水肿而引起压迫症状，出现疼痛。

月经周期来潮后，雌激素和孕激素水平迅速降低，雌激素对乳腺的刺激减弱，乳腺出现了复旧的变化，乳腺导管上皮细胞分泌减少，细胞萎缩、脱落，水肿消退，乳腺小叶及腺泡的体积缩小。这时，乳房变小变软，疼痛和触痛消逝，块物也缩小或消逝。

女性就是这样承载着传宗接代的使命，身体在周而复始地进行着复杂的变化，这种变化看起来很坚强，有时它们又是那么的脆弱，太多的原因可以改变这种变化规律。比如，社会的进步，时代文明的发展，让女人们的意识不可能像远古时代只是充当“造人机器”，较高的离婚率又让她们不敢选择节育手术，选择避孕药在一个阶段里成了主要的避孕手段，现阶段避孕药原理主要是通过抑制排卵，并改变子宫颈黏液，使精子不易穿透，或使子宫腺体减少肝糖的制造，让囊胚不易存活，或是改变子宫和输卵管的活动方式，阻碍受精卵的运送。使精卵无法结合形成受精卵，从而达到避孕目的。我们也可以理解成，改变了正常而形成的不正常，这种不正常带给人的可能就是内分泌紊乱、月经不调、闭经、不孕，或者肠胃不适、头痛、体重增加、神经紧张、情绪低潮、皮肤出现色斑和粉刺等。

违背了正常规律的阻断行为，带来的只能是各种亚健康的出现。有些亚健康虽然不会危及生命，但影响一段婚姻的幸福，还是轻而易举的。

女性更要对自己好一点

“我的妇科炎症反反复复已经有很长时间了，见惯不怪的我就没太在意治疗……直到最近两个月来，和老公的夫妻生活中发生了小尴尬，做爱时会疼，完事后白带会带有血丝，开始我没以为是妇科疾病导致的，去医院检查了一下，才得知患有了宫颈炎！我没把这些告诉老公，只是有些害怕和老公有夫妻生活了，看得出老公很扫兴，最近慢慢地疏远我了。我不想因为这样的小事导致家庭破裂，我该怎么办?”

这是一位患者的口述，她跟丈夫结婚四个年头了，在她的印象中，虽说跟老公有时大打口水战，但感情一直还算可以，就诊前两个月，老公的疏远让她有了婚姻危机感。

事实上科学家发现，在动物世界里也有类似的规律，比如一只小狗生病了，其他的小狗不愿意跟它一起玩耍，会有意识地疏远它。人有动物性，只是多了伦理道德，有时也难免会带有动物的本性，这种自然的动物性与伦理道德之间有很多时候是存在矛盾的，这种矛盾是不容易表达的。

女人曾经是个天使，徜徉在爱情的玫瑰园里，沐浴着天地植物芳香的灵气，从肌肤、身体、心灵三个层面唤醒美的力量，清纯、妩媚、芳香袭人。怎奈无情的岁月，现代都市的压力，身体心灵的亚健康，又会让女人从爱情的天堂落入苦难的地狱，失落、忧伤、凋零……本身有经、带、胎、产特殊生理过程，高离婚率导致女性较为敏感、情绪不稳定、易忧郁、动气发怒、思虑过度等内在因素扰乱气血运行，再有流产、紫外线照射、精神压力过大、滥用化妆品（避孕产品、减肥产品等外在因素导致内分泌腺体细胞变异出现功能内分泌失调），内分泌细胞功能异常，使组织细胞间的微细循环受淤阻，产生的多种新生妇科疾患。

“粉红丝带”“蓝丝带”不断推出的社会公益口号，揭示了社会越来越关注女性健康，同时也可以说明女性疾病越来越多，越来越复杂，对女性的健康美丽甚至生命威胁越来越大。女性该保养哪里？该如何保养？

早在《医宗金鉴》中就有论述：“男妇两科同一治，所异调经崩带症，饲育胎前并产后，前阴乳疾不相同。”充分区别男女疾病异同。

古人是智慧的，一句简单的话包含了女性与男人几乎所有不同的疾病范畴。《妇科心法要诀》对该句进行注解：“妇人诸病，本与男子无异，故同其治也。其异于男子者，惟调经，经闭，带浊，崩漏，症瘕，生育子嗣，胎前，产后诸病，及乳疾，前阴诸证不相同耳。故立妇人一科，以分门而详治焉。业是科者，必先读方脉，心法诸书。然后读此，自有豁然贯通之妙。”

月经病，带下病，子宫肌瘤，卵巢囊肿，生产前预防，产后修复，生殖乳房疾患等，女人们让这些疾病弄得心烦意乱，疲惫不堪。

就单纯说月经病，很多时候我们称之为月经失调。如果严格按照月经诊断的五个标准来衡量，几乎 80% 的成年女性，月经都不是特别理想。

很多女性有保养自己的意识却不知该从何下手，每每适得其反，实际上要想良好地保养自己的身体，必须先储藏健康的基础。

《医宗金鉴》的《妇科心法要诀》首篇描述道“先天天癸始父母，后天精血水穀生，女子二七天癸至，任通冲盛月事行。”为女性生理提供重要的理论依据，告诉女性想要美丽健康应该具备以下基础条件：

1. 先天天癸始父母：先天之本肾要健康。

2. 后天精血水穀生：后天之本脾要健康。

3. 女子二七天癸至：分泌腺体要发育成熟 。

4. 任通冲盛月事行：任脉要通畅，冲脉要充盈。

就算我们是幸运的，拥有良好的基础条件也不可马虎大意，因为女人在妊娠的人生必经阶段过后，不注意保养，依旧会留下影响婚姻“灵魂”的“肉体”隐患。

生殖系统的变化最大，特别是子宫的变化。

分娩后的子宫位置是平脐的，以后每天以 1—2 厘米的速度下降，在产后 10—15 天，子宫基本进入盆腔。在产后 6—8 周，子宫基本恢复到怀孕前的大小，也就是由妊娠晚期的 1000 克左右大小的子宫恢复到怀孕前的 50 克大小的子宫，子宫的形态也恢复到怀孕前的状态。在子宫恢复的过程，相对抵抗力较低，注重保健预防疾病发生很有必要。

阴道也会发生很大的变化。阴道是软产道的一部分，胎儿在娩出时，阴道会发生变形，阴道壁上许多皱褶及弹力纤维被撑开，张力减低，阴道壁肌肉变得松弛，骨盆底部肌肉由于扩展也失去弹性。大约三周，肌张力逐渐恢复，阴道黏膜重新出现皱褶，另外，在雌激素的作用下，阴道腔逐渐缩小，阴道黏膜通过修复也较难恢复到正常状态。为防止将来可能会影响夫妻生活，应采取及时必要的阴道锻炼，防患于未然。

内分泌系统的变化：刚刚生完宝宝的产妇，体内的雌激素、孕激素水平骤然下降，会引起产妇精神状态的变化，产妇易怒、爱哭、心情烦躁等心境不良的表现，所以“月子”里一定要保持心情舒畅，避免产后抑郁症的发生。

乳房的变化：胎儿娩出后，由于体内激素发生变化，垂体分泌催乳素，当宝宝吸吮乳头时，可刺激中枢神经系统，分泌催乳素，产生大量的乳汁，供宝宝生长发育的需要。最好选择母乳喂养，可以使宝宝获取充分的营养，可以增进母子感情，还可以提高妈妈的代谢机能，减少脂肪的存积，还可以减少乳腺癌和卵巢癌发病的危险。

其他系统的变化：分娩后，产妇的呼吸由怀孕期的胸式呼吸变为产后的胸腹式呼吸。分娩后，产妇腹壁松弛，肠蠕动减弱，如果活动少，可能发生便秘。产后由于新陈代谢改变，皮肤汗腺功能旺盛，潴留在体内的水分要以汗腺的方式排出体外，这就是产后出汗的原因。

第五章
婚姻中的先天"体质"

一个人健康出现问题，跟一个人的先天体质有很大的关系。某医学院曾做过这样的实验。一只兔子，一只鸭子，每天喂它们同样的食物，同样量蛋黄拌猪油，四个月后部分兔子被检查出患有不同程度的冠心病，而鸭子很健康。为什么吃同样的食物，兔子会得冠心病而鸭子不会？因为兔子是兔子，鸭子是鸭子，它们的先天体质不一样。婚姻同样如此，一段婚姻是否幸福，跟夫妻双方的"体质"有很大关系，一个人出生到成长的整个过程，会影响其婚姻质量。

埃里克森人格发展的八个阶段

埃里克森（E. H. Erikson，1902）是美国著名精神病医师，也是新精神分析派的代表人物。他把自我意识的形成和发展过程划分为八个阶段，这八个阶段的顺序是由遗传决定的，能否顺利度过每一个阶段却是由环境决定的。

埃里克森的人格终生发展论，为不同年龄段的成长提供了理论依据，也告诉每个人之所以成为现在的样子，是积极的，还是消极的，是在哪个年龄段形成的，给我们提供一个重要的依据。

埃里克森认为，在每一个心理社会发展阶段中，解决了核心问题之后所产生的人格特质，都包括了积极与消极两方面的品质，如果各个阶段都保持向积极品质发展，就完成了这阶段的任务，逐渐实现了健全的人格，否则就会产生心理社会危机，出现情绪障碍，形成不健全的人格，影响以后的工作及婚姻生活。

人格发展的八个时期，就像每个时期都有一个独特的成长任务。如果外在环境有利于个体实现这一成长任务，则人格就会健康发展。反之，如果外在环境妨碍了个体实现成长任务，则个体就会发展成“危机”，形成不良人格，并妨碍后来各时期人格的健康发展。发展的八个时期分述如下：

0—1.5 岁的乳儿期　此期成长任务是“形成信任”。

这个时期主要是同身边亲密的人互动，如果家人能够给予充分情感上的交流，亲密的肌肤接触、亲密的玩耍、无微不至的关心及照顾，都会让小孩觉得自己来到的这个世界是安全的，慢慢形成信任世界，顺利完成乳儿期的任务，以后就容易以信任世界的态度与人交往。如果哭的时候没人理，饿的时候没人喂，冷的时候没人管，尿湿了没人换尿布，没有亲密的嬉戏，这样他将会“怀疑”周围世界，导致今后与人交往的焦虑不安。

1.5—3 岁的婴儿期　此期成长任务是“变成自主的人”。

这个时期的孩子对世界充满了好奇心，他们看你用筷子吃饭，他们也去抓筷子在你的饭菜里挑来挑去；他们看见你洗碗，也会跟着你弄得满身是水；他们看见大人喝酒，也会抢着喝，总之，大人干什么他就抢着干什么。这个时候如果大人能顺应孩子“让我来做”的要求，满足孩子渴望探索外部世界的愿望，孩子将会摆脱依赖状态，产生“我能行”的信心。反之，将会自我怀疑，行动上畏首畏尾。

3—6 岁的幼儿期　此期成长任务是“发展积极主动性”。

“十万个为什么”是这个阶段主要的特点，他们会很想了解那些自己不知道“为什么这样”的事物，如果大人能赞许并配合孩子好奇、好问、好探索的欲求，发展他们的动脑和动手技巧，孩子就会养成大胆、主动、独立进取的人格特征。反之，就会胆怯退缩，没有自我价值感。

6—12 岁的童年期　此期成长任务是“创造性”。

学习是这个阶段孩子主要的经历，父母把所有在年轻时候没有完成的心愿都寄托在孩子的身上，学钢琴、跳舞、英语、下棋、溜冰等，各种各样的学习，让孩子没有思考消化的时间，很容易在学习的过程中遇到挫折，导致“自卑感”的出现，因为小孩会把所有的错误都往自己身上揽，他们会觉得任何的不好的事情都是自己造成的。在能够完成出色的情况下，帮助孩子成功地完成学习任务，孩子将会形成勤奋的学习态度，产生“创造性”。

12—18 岁的青春期　此期成长任务是“建立个人的同一性”。

洛克在《人类理解论》中引入了“同一”概念，他说：“我们如果把一种事物在某个时间和地点存在的情形，同其在另一种时间和地点时的情形加以比较，则我们便形成同一性和差异性的观念。我们如果看到任何事物在某地某时存在，则我们一定会相信（不论它是什么），它就是它，不是别的——虽然别的东西同时在别的地方存在，而且在其他各方面都和它相似。”

自我同一性，是这个阶段的青少年同一性的人格化，是指青少年的需要、情感、能力、目标、价值观等特质整合为统一的人格框架，即具有自我一致的情感与态度，自我贯通的需要和能力，自我恒定的目标和信仰。也就是寻找“我是谁”的答案。

如果这个时期的孩子，成长的环境是父母感情和睦，同时对小孩的所作所为能够加以正确的引导，并且对小孩正确的行为及时地进行肯定及表扬，他们便会觉得自己的做法是正确的，是被社会伦理所接受的，从而形成自我的价值观来指导以后的行为。如果父母的引导是错误的，那同样会影响他们的处世态度，就如很多女人嘴里经常说“世界上没有一个男人是好东西”。在这个时期成长的女孩经常受到这样的教育，以后选择恋爱结婚目标的时候，就难免会受到影响。假设以后遇到一个喜欢的男孩，而自己又不能断定是否是一个“好东西”的时候，尤其是在这个男孩给她留下良好印象的时候，她便会感到彷徨，而产生“同一性混乱”。

18—30 岁的青年期　此期成长任务是“建立正常的人与人关系”。

30—60 岁　此期成长任务是“创造价值、贡献社会与家庭”。

60 岁以上　此期主要是综合性对绝望的矛盾，力求对一生的回顾有满意之感，学会自我调整对绝望感的心理冲突。

有很多东西是我们不能选择的，在还没有能力独立面对世界的时期，有可能不是那么顺利，虽然我们不能抱怨环境，但我们应该了解成长过程中留在我们潜意识中的那些不完美。也许可以通过“补习”的方法，让自己逐渐变得更加优秀，更加幸福。

爱情中你用哪个脑思考

有时想想，一个小小的受精卵，以惊人的速度形成一个胎儿，仔细端详每个部位都有父母的影子，先天遗传实在太让人吃惊了，说话时的表情，走路的姿势，都是那么的熟悉。与生俱来的思维模式下“老鼠儿子会打洞”的行为模式会伴随人的一生。网络上流行一个测试，根据两个与生俱来的习惯性动作，了解你的性格与行为模式，这就是日本的（USAUSA ~ UNO SANO URANA）性格诊断。它利用人类左右脑各司其职的特性，设计了简单的两个惯性动作，分辨出这个人习惯以左脑（主理性，语言，计算，分析）还是右脑（主感性，直觉，想象，创造），来作为解读信息用的“接收脑”，还是决定怎么说，怎么行动的“传达脑”？进而了解一个人的潜在性格与行为模式。

动作 1　两手直接十指交握（显示一个人“接收脑”的惯用情形）

A. 左手拇指在上→意思是接收信息时优先使用感性为主的右脑（U）

B. 右手拇指在上→意思是接收信息时优先使用理性为主的左脑（SA）

动作 2　双手直接交错抱胸（显示一个人“传达脑”的惯用情形）

A. 右手掌在上→意思是传达信息时优先使用感性为主的右脑（U）

B. 左手掌在上→意思是传达信息时优先使用理性为主的左脑（SA）

将动作 1 和动作 2 的结果（共两个字）顺序组合起来，

1. SASA 女　（接收信息理性，传达信息理性）

性格：为人一本正经，给人精明干练的距离感，若跟 SASA 女成为好友，则是值得依赖的好帮手，但成为敌人，就会非常难缠。

恋爱：想太多的自我设限，交往前会想太多，对恋爱小心翼翼，不过很容易因此放弃，对主动告白的异性会难以招架，不过要小心聪明反被聪明误！

2. USA 女（接收信息感性，传达信息理性）

性格：散发出安心、温柔、善解人意的气质，是一个人人都想跟你倾诉心事的好听众，如果别人苦苦哀求你，总是很难拒绝别人。

恋爱：难以爽快脱身，虽然会理性地评估对方，不过一旦陷入热恋，就完全被感性主导，当热情不再时，很容易因对方对自己的依赖而无法爽快分手！

3. UU 女（接收信息感性，传达信息感性）

性格：热血又充满个人魅力，会突然失控大笑或大哭，但都是出自真心，因此颇受朋友喜欢，最明显的就是购买东西完全凭感觉，就算不实用或已有相同款式还是想买。

恋爱：以自己心里的感觉为主，不会参考对方或客观因素来决定自己下一步举动，若对对方很有好感，一整天就像春暖花开；如果对方疑似退出，也会惊天动地大哭一场，但也很容易变心！

4. SAU 女（接收信息理性，传达信息感性）

性格：因为冷静观察与分析的性格，在同性之间很容易展现气概与责任感，常常是女生之间的大姐大，但掌握全场之余又不失冷静观察。

恋爱：有目标的下手，操控自己的感觉，能冷静分析对方是否适合自己，一旦锁定目标，就会用尽方法维持热度，虽然严谨以对，但内心总有一把不可告人的浪漫烈火。

5. SASA 男（接收信息感性，传达信息理性）

性格：完全以左脑为主的男性，以步骤跟数字为行事的准则，总是条理分明，不太能察觉感情，所以会给人固执、偏执的感觉！

恋爱：会在心中描绘完美形象，面对真实感情却显得慢热自闭，一旦点燃热情后，就会持续专情，就算对方反应冷淡，SASA 男仍念兹在兹、从一而终。

6. USA 男（接收信息感性，传达信息理性）

性格：虽然看似冷酷，其实很重感情，会以直觉印象为出发点，然后再以坚决的步伐行事，就是那种看你顺眼，就会收你做徒弟，挺你的那种大哥。

恋爱：恋爱成功概率很高，一旦确认对方也对自己有好感后，就会火力全开，不过爱得深，对女方的要求和猜疑也很深。

7. UU 男（接收信息感性，传达信息感性）

性格：因为相信自己的直觉，所以会显得自信满满，率直天真，坏处就是对不感兴趣的事，也丝毫不想掩饰，会显得兴趣缺失甚至漠不关心。

恋爱：很容易自我沉溺在热恋气氛中，不过太过率直乐观的个性，可能会误解别人对你是否有好感，陷入自我得意的陷阱中。

8. SAU 男（接收信息理性，传达信息感性）

性格：喜欢探求真理与擅长分析，常是旁人意见的给予者，给人一种冷静稳当的感觉，不喜欢与人争吵，能很妥善地处理事情，不过难免给人距离感。

恋爱：把自己喜不喜欢对方放在其次，反而以跟对方能否发展下去为第一前提，是个很适合爱情长跑或结婚的对象。

在婚姻中 SASA 女很容易出现沉闷理性，给对方以无形的压力，甚至连撒娇都要装，而且装出来是那样难以接受。USA 女容易被负面情绪影响，喜欢藏在心底，情绪激动的时候不是伤自己就是伤别人。UU 女很可能成为一个情绪体，不能掩饰自己的情绪，一切都写在脸上，会给对方一种无可奈何的感觉。

现在有很多学者研究左右脑的行为语言模式，在《神经语言学》中就有解读眼球转动与大脑的联系，对于大多数使用右手的人来说：

眼球向自己右上方看，表示他们正在进行视觉想象（自己穿上婚纱的样子）。

水平向右看，表示他们正在对某个东西听起来的效果进行想象（那段难忘的表白）。

向右下方看，表示他们受到了触动（身体上的或感情上的）。

向左上方看，表示他们正在进行视觉记忆。

水平向左看，表示他们正在记忆听到的东西。

向左下方看，表示他们的内心正在自言自语，在 NLP 中叫作内心对话。

对于使用左手的人来说，有些情况可能刚好相反。对某些人来说，这些规律并不一定适用。

迷恋父母"体质"

古希腊神话中的俄狄浦斯杀死他的父亲而与他的母亲结婚。

拉伊奥斯年轻时曾经劫走国王佩洛普斯的儿子克律西波斯，因此遭到诅咒，他的儿子俄狄浦斯出生时，神谕表示他会被儿子所杀死，为了逃避命运，拉伊奥斯刺穿了新生儿的脚踝，并将他丢弃在野外等死。奉命执行的牧人则偷偷将婴儿转送给科林斯的国王波吕波斯。

俄狄浦斯长大后，有人告诉他会杀死自己的父亲娶自己的母亲，当时他并不知道现在的国王跟王后不是自己的亲生父母，为避免神谕成真，他离开王宫，发誓永不再回来。俄狄浦斯一次与一群陌生人发生冲突，失手杀了人（最后知道被杀人里面就有自己的亲生父亲）。后来俄狄浦斯解开了狮身人面兽斯芬克斯的谜题，解救了忒拜拯救城邦，而获得王位并娶了国王的遗孀约卡斯塔（他的亲生母亲）为妻。

后来，俄狄浦斯知道他是拉伊奥斯的儿子，那次杀死的人就是他的父亲，他现在的妻子就是他的母亲，终究应验了他之前杀父娶母的不幸命运。他母亲羞愧地上吊自杀了，俄狄浦斯则刺瞎了自己的双眼。

这就是著名的“俄狄浦斯情结”。是儿童（或成人）对于养育双亲的爱与恨欲望的心理组织整体，它的外在表现形式呈现为三角人际关系结构，即自己、妈妈、爸爸，伴随冲突矛盾的情绪。

“俄狄浦斯情结”又称恋母情结，是精神分析学的术语。精神分析学的创始人弗洛伊德认为，儿童在性发展的对象选择时期，开始向外界寻求性对象。对于幼儿，这个对象首先是双亲，男孩以母亲为选择对象而女孩则常以父亲为选择对象。小孩作出如此选择，一方面是由于自身的“性本能”，同时也是由于双亲的刺激加强了这种倾向，也就是由于母亲偏爱儿子和父亲偏爱女儿促成的。在此情形之下，男孩早就对他的母亲发生了一种特殊的柔情，视母亲为自己的所有物，而把父亲看成是争得此所有物的敌人，并想取代父亲在父母关系中的地位。同理，女孩也以为母亲干扰了自己对父亲的柔情，侵占了她应占的地位。

每个人的成长都会经历这样的时期，在这一时期，我们是很矛盾的，不过大部分人在意识还未完全认识到这一点的时候已经成功处理了。

如果一个男孩子开始嫉恨父亲，想拥有母亲的时候，就会表现出对父亲的敌视，大多情况下，他会发现父亲能够解决很多事情，父亲很强大，他慢慢会发现自己不可能来抵制父亲，随后他会以学习父亲为榜样，对父亲开始认同，慢慢地就成长起来了。

在这个转变过程中，由于家庭情况的不同，转变程度就会不一样。父母亲在家庭中的地位角色会影响到孩子的成长，一个强大的父亲比一个懦弱的父亲更容易让儿子认同，如果是“女强人”母亲，并且在家中占主导地位的话，男孩子就很有可能认同母亲，对孩子的成长就会产生影响。

一个人是否拥有好的心理结构，同父母的人格有很大关系，3—6岁是情感发展的关键期，对于我们情感发展至关重要。如果孩子在这个阶段没有顺利完成过渡，那么将来他的情感之路很可能不平坦。

如何才能顺利度过这个时期，心理学家认为其核心就是，良好的夫妻情感（夫妻关系），而不是亲子关系。

父母要做到让孩子懂得父母爱他，他只需做个快乐的孩子，安心地享受父母的爱。如果一个母亲让儿子感觉到，小家伙是最重要的，比爸爸在妈妈的心里重要，这个时候就很麻烦。

第一部分所说的，男人是大男人，女人是小女人，在这个时期是比较适用的，男孩成为有魄力的男人，女孩成为有魅力的女人。爸爸对女儿说：我爱你，但妈妈才是陪伴我一生的人，让女儿知道妈妈才是爸爸最爱的人，她只是他们的女儿。妈妈对儿子说：我爱你，但爸爸才是陪伴我一生的人，让儿子知道爸爸才是妈妈最爱的人，他只是他们的儿子。

在现实生活中，我们经常听到“儿子亲妈妈，女儿亲爸爸”，更可怕的是我们还把这种情况看作是小小的幸福，爸爸故意装着不喜欢妈妈更喜欢女儿，妈妈装着不喜欢爸爸更喜欢儿子。让小孩不断地证实，自己想得是没错的，于是变本加厉地讨好亲近异性父母，这让那些当父母的人更是从心理得到了极大安慰，回应给小孩的百般呵护。我们是那个小孩吗？如果是那个小孩，我们就必须了解一件事。也许你嫁的老公有爸爸的影子，但他毕竟不是你的爸爸，所以他不会向爸爸那样对待你，如果你潜意识里希望他是你的“爸爸”，这样的婚姻很难幸福；如果你娶的老婆有妈妈的影子，但她毕竟不是你的妈妈，所以她不会像妈妈那样对待你，如果你潜意识希望她是你的“妈妈”，这样的婚姻也值得思考。

拯救“体质”

2000 年河北某县，一名男子自己拿起菜刀剁掉了自己左手的食指，实际上在剁掉这个手指之前，他几乎以同样的方式在同样的场合，已经剁掉了左手的小指、无名指和中指，算上这根已经是四根了。周围五六个彪形大汉直摇头，无可奈何地陆陆续续离开了。这可不是黑社会清理门户，是男子欠了人家 10 多万元的赌债。他每年过完春节就外出打工，每年过年回来都会把一年赚的钱输得净光，这次不但输光了还跟人家借了 10 多万元，躲不过去就剁手指，在他的“赌友”眼里他是个很另类的赌徒。

让人们奇怪的是这样一个赌徒，却有一个令很多人都羡慕的老婆，既漂亮又有气质，嫁给这个家伙的时候，家人都不同意，可是为什么这样好的一个女子最后嫁给了这个赌徒呢?

她跟妈妈相依为命，爸爸成天不着家在外面赌博，在她童年的印象中，爸爸只有跟妈妈要钱的时候才回家，每次回来父母都会吵架，所以她从小没有感受过其他小孩骑在爸爸肩膀上的幸福。每次见到妈妈跟爸爸吵架后号啕大哭，她都恨死了自己为什么会有这样的爸爸，但自己一点办法都没有，毕竟她还小。在成长的过程中，她也试图劝爸爸改邪归正，可每次都没有效果。上初二的时候，她曾以死威胁爸爸，但收敛了还不到三个月的爸爸，又故态复萌。初中毕业后她离开了家，发誓凭自己能力赚钱，让妈妈享受到爸爸不能给予的幸福。她在外面刻苦勤奋，在很多人眼里都是个好女孩，既漂亮又孝顺。有很多优秀男孩追求她，她都以“现在还不是时候”为借口拒绝了。

一天一个男人冲进了她工作的地方，后面有很多人追赶，原来是男人因为赌博欠了钱，无处躲藏的男子剁掉了自己的一根小手指，在那些人离去后，她莫名其妙地对这个男子有一点动心。后来她嫁给了这个男人，就是这个赌徒。

还有很多类似的例子，在重庆就有一个女孩嫁给了一个罪犯，有些男孩喜欢生病的女孩等，这些例子都有一个共同点，他们潜意识想通过自己拯救所谓让他（她）“动心”的人，让他们“动心”的这些人身上有他们小时候想改变却无法改变的影子。

在现实生活中，也许这样极端的例子并不多，但仔细想想，想“拯救”配偶的人并不少见，这种情况的出现，是因为人们在儿时都有一个“梦”，一个很想通过自己能力改变而无法改变的“人”，现在自己长大了，有能力了（自己认为），让自己实现儿时梦想的机会一旦再次出现的时候，自己往往不会轻易“放过”。

在我们还不能辨别是非的儿时，我们会天真地认为，我们就是这个世界的中心，所有我们看到的事都是围绕自己发生的，所有出现的人都是为自己而生的，所以我们有理由认为，所发生的一切都是跟自己有关系的。当有开心事情发生的时候，总是以为因为我的存在所以才这么好；当不开心的事情出现的时候，总会以为因为我不够好，所以才发生了这种事。当时我们不能够清醒地知道，别人就是别人，别人是什么样跟我没有关系。如果我们知道爸爸就是爸爸，妈妈就是妈妈，他们的开心失落都是他们自己的事情，跟我们没有关系，虽然小的时候我们不可能知道，但现在应该知道了。还有，一个人想改变另一个人，那几乎是不大可能的。

证明“体质”

我认识一个1988年出生的小姑娘，小姑娘很要强，很上进，城府很深，有时成熟得不像她这个年龄段其他孩子的表现，疑心很重，几乎不相信世界上任何人。一次偶然的机会，她跟我讲了她的经历。

原来她生下来就被父母送了人，接受她的人家生活条件也很艰苦，之所以答应抚养她，是想让女孩长大后给自己的儿子做媳妇。自从她懂事起，她就生活在其他小朋友的指指点点中。养父母从小到大一直对她很好，就像对亲闺女一样，她心里还是觉得自己很可怜。她小时候一直都在想“自己的亲生父母是什么样？自己的亲生父母在哪里？为什么把亲生的女儿送人？”养父母在她十岁的时候告诉她事实，并且跟她说“如果你愿意同他们相认，我们也不反对。”她说不会认，她恨他们。初中毕业后，她有了去找自己亲生父母的想法，她跟养父母说自己想去打工帮家里减轻负担，于是她踏上了寻找亲生父母之路。

功夫不负有心人，她在惠州打听到了自己亲生父母的下落，但她没有同亲生父母相认。一个人只身来到广州，拼命打工，付出了常人无法想象的努力，她在事业上也算是有了好转和发展的机会，这个时候她比亲生父母的三个姐姐跟一个弟弟都优秀了。这个时候才回去认了亲，这边还有三个姐姐跟一个弟弟，可能是由于内疚，亲生父母家里所有的成员对她都是忏悔性的亲热。亲生父母跟她说，他们很后悔当时的决定，把这么优秀的女儿送了人。她说不怪父母，她也能理解是父母没有办法才这么做的。后来她对养父母更加孝顺，把自己所有余下的钱都用在了给亲生父母买礼物，帮助姐姐弟弟上。亲生父母一家人都说她好，她几乎成了亲生父母家庭中一个焦点，她为此很开心。

后来她找了一个经营超市的男人结婚，婚后感觉自己生活得很累，无论自己怎么做，总感觉婆婆不那么在乎自己，总感觉老公不喜欢自己，他之所以当时选择自己也是因为看到自己有能力……后来她哭了，哭得很伤心。

那天她跟我讲了很久，还告诉我她现在有两个父母，还有一大堆的兄弟姐妹，她生活得很开心，一定会继续好好努力，能够好好地孝顺养父母，也可以更好帮助亲生父母家里。

其实她的内心并不快乐，她不会相信任何一个人，她之所以这么努力，让自己变得比她亲生父母家里的任何一个人都优秀，是因为她从小到大一直在证明一件事情。那就是她要让亲生父母知道，他们把她送人是错误的。

被遗弃的复杂心理一直伴随着她成长，形成了她特有的气质，怀疑、要强，在任何环境都会证明自己是不可缺少的，是重要的。

跟任何人相处都会携带，如同“病毒”一样，她的婚姻也会受到传染，两年后得知她结束了那段婚姻，带着一周岁的女儿去了哈尔滨。真担心她女儿的成长历程。

在批评那些不负责任的父母同时，我们也要明白，我们没有办法决定天要不要下雨，但我们可以决定天气给我们带来的心情。虽然我们没有办法决定别人对我们做什么，但我们可以决定别人的行为给我们带来的思考。以前心情不好，那是因为我们不懂事，除了自己，别人就是别人，没必要证明什么，就算是证明了我们是最优秀的又能如何呢？那些让别人后悔的情绪，真的值得我们用一生的幸福做代价吗？

溺爱“体质”

溺爱，我们经常听到，在周围也是随处可见的。溺爱会在很多情况下出现，父母重男轻女，好不容易生的儿子被父母溺爱的概率很高，单身父母觉得小孩可怜很容易对其溺爱，父母工作太忙没时间照顾小孩也比较容易溺爱，老人代养的隔代小孩容易被祖父母溺爱。

当然也不是这些情况一定会溺爱小孩，只是这些情况下容易催生溺爱的行为。尤其是老人呵护下的小孩，很容易受到特殊待遇，孩子在家庭中的地位最高，处处享受特殊照顾，如妈妈给买东西，爸爸偷偷给钱，爷爷奶奶把吃到嘴边的东西都会给他，爷爷奶奶可以不过生日，孩子过生日得买大蛋糕，他们是家里的“小皇帝”

“小公主”。轻易就得到满足，要什么就给什么。试想在溺爱中长大的孩子，自己结婚组建家庭后会是什么样？我想很多青年一代的婚姻中，有些人一定会感觉自己的老公（老婆）就跟一个没长大的孩子似的。

一天晚上，凌晨一点多了，刚刚打算休息，突然“砰”的一声巨响，第一感觉是有重物从楼上摔下，我还以为是有人从楼上摔下来了，赶紧跑到阳台一看。的确在一楼私人花园里的墙角有个女人，继而听到男人吵骂的声音，才知道是一楼的小两口又在打架了，应该是女的被男的扔到外面了，那么大的声响我估计摔得也不轻。

这样巨大的动作并没有影响我接下来的睡眠，也是见惯了他们这样的举动，隔三差五就有一场战争，口水战几乎每天都会发生。丈夫生于1987年，妻子生于1988年，双方父母出资买了房子，双方的父母从未间断过，不是女方的父母来了，就是男方的父母到了，尤其是小宝贝出生后，四个家长更是都来了，买菜，做饭，带小孩……一切都是双方父母的事。尤其是男方的家长，更是溺爱这根独苗。

一些独生子女由于长期受到父母及隔代老人的溺爱，从小到大自己的事情全部由家长包办，养成了很强的依赖心理。重享受、不懂得付出。他们成年后，在恋爱中习惯于被爱而不懂得爱他人，成立小家庭后自己不愿意多付出，又往往要求对方在感情、时间、精力等方面付出更多，如果得不到对方的付出就会不开心、愤怒、报复。这是造成现在年轻人离婚率不断升高的原因之一。

溺爱同时也会造成成年后的孩子们心理承受力太弱，由于怕受到伤害而没有勇气表达，最终错过了恋爱的机会。这样的年轻人由于不懂得经营婚姻，成家后也很难营造出幸福和谐的家庭氛围。

溺爱，表面上是疼爱，很多父母自我解嘲“哪有父母不爱自己的小孩”。我们从另一个角度去分析，溺爱其实是大人对小孩懒惰的爱，不负责任的爱。提到不负责任的爱，父母应该不难理解，因为他们都知道溺爱其实对小孩的成长是不利的。为什么说是懒惰的爱呢？我们没有去了解分析孩子在成长过程中，每个阶段到底需要什么，每个阶段要成长什么，就是单纯地给予，要什么给什么，要就给，多简单的事情。溺爱孩子的父母是在偷懒，不想用更复杂的方法来面对孩子，所以选择了“简单的爱”。很多商家就是抓住了大人偷懒的心理，研发了尿不湿，“乖，不哭啊，妈妈给你买尿不湿”，真想问，尿不湿真是给小孩用的吗？是大人为了偷懒，不想那么频繁地换尿布吧，真的没看过一个垫着尿不湿的小孩在那里开心得手舞足蹈。

如果已经步入婚姻的我们是在溺爱中长大的，不要责怪父母对我们的爱太过简单。让我们明白一个道理，在这个世界上，没有人是应该为我们付出的，包括我们的爱人。

孤独暴力的“体质”

“他从来都不想主动地接近我，如果我不给他打电话他决不会给我打，我不主动联系他，出差一个星期他都不会给我来个信儿，如果我不计划一起去干什么，他就永远抱着个电脑，跟个木偶一样，一点感情都没有，不要说浪漫了！”有没有听到过女人类似的抱怨，或许这些声音离我们并不远。

“成天唠唠叨叨的，烦死了，在你眼里我什么都不是，什么都不对，连玩个电脑你看着都烦，天底下到底有没有事情能让你满意，你怎么就这么多事？难道就不能让我们好好地待一会儿？休息的时候还跑来跑去多累呀，我就喜欢一个人待着，你也可以自己干点什么。”我们经常从男人嘴里听到这些话。

无论是女人的埋怨还是男人的倦怠，出现上面类似的话，很可能这个男的幼儿时期遭到了很多印象很深的拒绝和冷漠。一般出现在婚姻不和睦的家庭中，通常是遭受冷漠甚至冷酷的拒绝，而逐渐对生活失去了兴趣和追求，开始学会回避亲密接触，慢慢显得很独立、孤独甚至暴力。

我小时候有个邻居，在我的记忆中，很难见到那个男人的面，只是通过他老婆的叫骂声、哭喊声，才会想起这个男人的存在，农村人都有串门的习惯，我好像就没有去过他们家，他家太血腥了，那个男人经常把他老婆打得鼻青脸肿、头破血流。

后来听妈妈说了一些关于这个男人父母的事情。他的母亲年轻时是个大美人，跟我们那里一个老师谈恋爱，因为帮家里还债，不得已嫁给了我们村里一个卖肉的老男人，也就是这个男人的父亲。结婚后，他母亲一直心里都感到很委屈，觉得自己的人生都毁了，不断提出离婚的要求，不久生下了他，她觉得是个小祸害，自己又多了个累赘，不给他喂奶，也不会去主动抱他，他就在母亲不冷不热的对待中长大了。

在他七岁的时候，他母亲还是向父亲提出了离婚，他跪在母亲面前：“妈，我求求你不要走，我不能没有你。”他母亲什么都没说就去睡觉了。等母亲第二天早上起床收拾东西的时候，他抓着母亲的手：“妈，我求求你不要走，妈，你不要走好不好？”他母亲流泪了，但还是挣脱了他的手，走了。看来也不是所有的眼泪都是热的，眼泪也有时冷得结冰。

婚姻的“体质”举不胜举，在此我提醒读者，不要对号入座，因为我们不能够完全说明婚姻双方的“体质”，变幻莫测的父母情绪，不知道会在我们成长的哪个阶段出现并影响着我们，不可阻挡的环境变化，夹杂着各方面的突发事情，都会给我们成长中留下好与坏的影响，我们要慢慢地审视自己，不断地关注与学习相关方面的知识，毕竟我们的目的不是回想过去，我们是要一个幸福的婚姻。我们只要知道，结婚前组成婚姻双方的两个人，对婚姻来说可能他们还是“原料”，但针对人生来说他们已经是“半成品”了，已经形成了特定的气质与人格，这种认识为我们在思考和解决双方的矛盾时提供一个思想前提——世界上没有两个人是一样的。

第六章 我们能不能不离婚

在讲离婚因素和离婚高危期之前，先让我们来考虑一个问题，人为什么要结婚？也许我们根本没有考虑过这个问题，或许我们会说人本来就是要结婚的嘛。没错，结婚似乎是人的本能需求，人类发展历程中，男女经历过多种形式的组合，从单纯的性需求，发展到氏族部落，人们的需求更加复杂。也就是说，人之所以结婚就是为了满足欲望，欲望是会膨胀的，欲望也会随环境、地位、阶段不同而改变，这样我们就不难理解离婚的因素了。其实根源就是一方的欲望不能在婚姻中得到满足。

马斯洛需求层次理论

人类的欲望是无限的，美国心理学家马斯洛曾把人类的欲望分为基础生理的需要、安全的需要、社交的需要、被尊重的需要、自我实现的需要五个层次。

基础生理的需要。这是人类维持自身生存的最基本要求，也是最为原始的需要，包括衣、食、住、行等方面的要求。如果这些需要得不到满足，人类的生存就会受到威胁。从这个意义上说，生理需要也是推动人们行动的最强大的动力。马斯洛认为，只有这些最基本的需要满足到维持生存所必需的程度后，其他的需要才能成为新的激励因素，而到了此时，这些已相对满足的需要也就不再成为激励因素了。

安全的需要。这是人类要求保障自身安全、身体健康、财产安全等需求。马斯洛认为，整个有机体是一个追求安全的机制，人的感受器官、效应器官、大脑边缘系统主要是寻求安全的工具。当然，当这种需要一旦相对满足后，也就不再成为激励因素了。

社交的需要（也叫归属与爱的需要），是指个人渴望得到团体关怀、爱护、理解，是对友情、亲情、爱情的需要。这一层次的需要包括两个：一是友爱的需要，即人人都需要同朋友、同事之间的关系融洽或保持友好；希望被人爱，希望爱别人。二是归属的需要，人都希望归属于一个群体感情，相互关心和照顾。感情上的需要比生理上的需要细致，跟一个人的成长经历有关系。

尊重的需要。人人都希望自己有稳定的社会地位，要求个人的能力和成就得到社会的承认。尊重的需要又可分为内部尊重和外部尊重。内部尊重是指一个人希望在各种不同情境中有实力、能胜任、充满信心、能独立自主。总之，内部尊重就是人的自尊。外部尊重是指一个人希望有地位、有威信，受到别人的尊重、信赖和高度评价。马斯洛认为，尊重需要得到满足，能使人对自己充满信心，对社会满腔热情，体验到自己生活的意义和价值。

自我实现的需要。这是最高层次的需要。它是指实现个人理想、抱负，发挥个人的能力到最大程度，达到自我实现境界的人，接受自己也接受他人，解决问题能力增强，自觉性提高，善于独立处事，要求不受打扰地独处，完成与自己的能力相称的一切事情的需要。也就是说，人必须干称职的工作，这样才会使他们感到最大的快乐。马斯洛提出，为满足自我实现需要所采取的途径是因人而异的。自我实现的需要是在努力实现自己的潜力，使自己越来越成为自己所期望的人物。

这是人的需求层次，既然婚姻是由人组成的，那人的需求自然影响着婚姻。

我们到底为什么会离婚

如果我们仔细去思考，思考那些离婚的案例，我们不难发现其本质的原因是因为欲望、需求无法得到满足。事实上，人的欲望是无限的，有钱的还想更有钱，有权的还想更有权，有漂亮女人的还想要更多，也就是说组成婚姻的个体欲望是得不到满足的。那是不是说每个婚姻都以离婚而结束呢？当然不是，因为我们是人不是动物，但如果没有伦理道德约束，那将是欲望的天下。以群体形式生存的人类，以欲望为“不太平”的绝对前提，根据个人的道德标准、价值观、经历累积的经验、配偶等条件，婚姻会出现不同的结局，或许不能满足需求和欲望不一定会导致婚姻的破裂，一定是婚姻“疾病”的根源。

贫贱夫妻百事哀

我有一个同乡，跟我在一个城市上的大学，大学期间他父亲因为胃癌去世了，除了家里的积蓄花光以外，还借了很多债。他大学还没毕业就出去工作，为家里减轻负担，后来顺利地找到了工作，进入流通行业，做品牌果冻的理货员。因为表现突出，三个月后就升为县级主管，负责江西九江修水县的商超品牌销售管理工作，两年后做了省级老总，不到三年就做了大片区老总，事业可谓一帆风顺。在此期间还完了所有的债务，在老家给他母亲重新盖了房子，跟他的一个初中女同学幸福地走进了婚姻的殿堂，把他唯一的弟弟也弄到了他们的系统，兄弟俩在老家十里八乡名声远扬。

有一次，我在广东顺德一个老乡家里做客，接到他的电话，得知他弟弟得了结肠癌，检查的时候发现已经转移到了淋巴。上帝有些时候还是挺喜欢开玩笑的，听到这个消息我们都很难过，兄弟俩的财产和积攒下来的积蓄再次见了底，我就记得他跟我说了一句话：“我就这么一个弟弟，倾家荡产都要让他活着。”朋友们各自根据自己的情况伸出了援手，手术和术后化疗还算顺利，为了给弟弟治病他又变得穷困潦倒，他同时打三份工，他的妻子也跟着他省吃俭用地过日子。

一次到武汉讲课，工作结束后约他出来一起吃饭。几年没见他老了很多，压力那么大，想也知道生活得不容易。坐下来没多久，还没说太多的话，他就把自己灌醉了，话也多了起来：“兄弟，你怎么不问我过得怎么样呢?”“我知道你不容易。”“我跟你嫂子离婚了。”他感觉到我挺惊讶，“哎，我不怪你嫂子，跟着我她受了很多苦，可我又不能放弃我弟弟。”泪花在他的眼里打转，“说实话，你嫂子真是世上少有的好女人，在我弟弟生病这段时间她没有买过一件衣服，连一件内衣都没买过，跟着我吃了半年多的白水煮面条，有几次上楼眼花得差点摔倒，还有几次饿得胃痉挛。”他变得哽咽起来，“有一次睡着了，说梦话都说饿。”他哭了，哭得很伤心，一个七尺男儿抽泣得让人心痛。他哽咽着继续说：“你知道她跟我提出离婚的时候是怎么说的吗？她说：‘老公，我们离婚吧，老公别怪我，我真的不想再梦到穿漂亮的衣服了’。”

衣食住行，一个人生存的基本条件，如果连温饱都不能保障，婚姻的确会有很多麻烦的事情出现。在我们老家20世纪80年代的时候，经常听说这家的老婆跑了、那家的老婆跑了的事情，就是穷怕了，真是吃了上顿没下顿的日子、我小时候记得有一年，饭桌上一年没看见过菜。

生理需求不是简单的一句“老公，我愿意跟着你过苦日子”就可以解决的，现在社会我们常说女人变得很现实，我不认为这是女人的错，当然男人没钱也不是男人的错。

性得不到满足

性，是婚姻中不可缺少的一部分，也是贯穿婚姻过程的生理需求，男女对其理解不尽相同。

美国第三十任总统卡尔文·柯立芝有一次偕夫人到一家农场参观。导游先带着柯立芝夫人到了一处鸡舍，柯立芝夫人非常好奇地发现，一只亢奋的公鸡骑在母鸡身上，样子十分滑稽。于是她问导游：“这只公鸡一天最多几次？”导游回答说：“恐怕要几十次。”柯立芝夫人听了之后就说：“请把这件事情告诉总统先生。”不久，在农场别处参观的柯立芝总统也来到鸡舍，导游便把刚才的事情一五一十地向总统作了汇报。“它每次都是同一只母鸡吗？”总统问道。

“噢，不是，总统先生！每次都是不同的母鸡。”导游回答道。“请把这件事情告诉总统夫人！”柯立芝总统说。

很多人提到性往往会感觉别扭，别扭是正常的，也是应该别扭的，但不能因为别扭我们就不去关注它，不去学习相关的知识。“性福”不在了，幸福还能有多久？我们都知道性是人的生理需求，是否有和谐的性生活对婚姻的影响很大。性的生理需求和衣食有所不同，主要不同的就是我们所说的“别扭”，除了客观的事物还掺杂了伦理道德。这样就会让一个简单的事物变得“扑朔迷离”，性的特殊也就特殊在这里，生活中很多客观事物都会有经验，而性经验却很少。

为什么会造成没有了“性福”？分居和性冷淡。

性冷淡，如果有人告诉你“你有点性冷淡”，你会作何感想？无论怎么想都代表着你对性的态度。性冷淡无所谓，有所谓的是对待性冷淡的消极批判的态度。我们经常说一个人身上只有两种东西，一是技能，二是态度。在一个企业里，领导人都希望一个员工技能又好态度又好，而如果两者只能选择一个的话，一般领导会选择态度好的，这也是我们经常会看到领导更喜欢拍马屁的人的原因，我认为领导的选择是对的，因为态度是很难改变的，但技能是可以通过学习慢慢得来的。

在我们这个话题里同样是这个道理，性冷淡是技能，对待性冷淡的态度更主要。有些人抱着无所谓的态度，有些人抱着难以启齿的态度，有些人抱着积极调理的态度，每种态度的结果不尽相同。随着结婚时间及个体年龄的增长，新鲜激素和生理衰老，我们不可避免地出现性不和谐。针对婚姻来说我们不去讨论不和谐的性产生什么样的危害，我们更想说的是要有改善、杜绝不和谐的意识和保鲜的态度。

一次在广州讲完课，有位女士在课程中跟学员们分享了她挽救婚姻的心得，她说："在婚姻中性生活很重要，如果不是发生在我身上，我真不觉得这是个事儿。一年前我老公有了外遇，还提出了离婚，当时我傻了，感觉心里空空的，不知道我们之间到底发生了什么事情。在我苦苦地询问下，他跟我说了心里话，这让我有不小的意外。他说是因为每次跟我亲热都是一件很郁闷的事情，感觉我不喜欢跟他亲热，老说些'不想''很累了'破坏气氛的话。当时我心里很痛，感觉自己嫁错了人，他就因为这个在外头找女人，还要跟我离婚。一气之下我答应了跟他离婚。那几天我生活在极度的痛苦之中。为了证明我嫁的人是错的，我在书店找了一些相关的书籍，没事也会在网上查阅相关的文章，最后发现可能是自己错了。说实话，以前我也不知道为什么，每当老公想同我亲热的时候，我总是想拒绝，性生活对我来说没有一点意思，有时候还会下体疼痛，我从来也没想到这种事情还会影响我们的婚姻。后来我通过学习得知跟我的身体和技巧有关系，我用了三个月的时间，到中医院去调理身体，去美容会所做了一些保养，做了一些相关锻炼，从书上学习了一些技巧，后来我打电话给我老公让他回家，当然最后我们在一起了，那次他很吃惊，他说很久没有这种感觉了，接着几天他都主动回家了，最后他从不再提离婚。"

积极主动的预防因为身体因素、心情因素和观念因素而导致的性不和谐是必要的，有意识关心双方的性感受，重视性在婚姻中的重要地位，也算是为幸福婚姻出了一份力。

除了性冷淡，性生活影响婚姻的形式还有分居，分居最直接影响的就是不能达到双方的性次数，从而导致性需求不能得到满足。分居可以分成两个类型，一个是主观分居，一个是客观分居。

主观分居是有同居的条件而主观选择分居，方式很多，有些人是分开两套房，有些人是一套房分成两间房，还有一些人是一间房分成了两张床，甚至一些人是一张床分成了"两半球"。

2009 年，在广东地区我了解到的在床上划了“界限”的夫妻就有六对，夫妻间谁都不会碰对方，就像小学生课桌中间的“三八线”。其中有一对更离谱，每天睡觉时都要在床中间用长枕头隔开，晚上谁睡着了把腿伸过去，一定会被踢到床下面去。有很多人劝他们干脆离了算了，他们说不想让孩子失去完整的家。多么伟大的境界，如果把这种伟大分一点点在夫妻间，也许会给那条“河”搭建一座桥。为什么会一张床分两边，自然有它的原因，我们想说明的是，这种主观地减少夫妻的性生活次数，长此下去，那条“河”可能会越来越深，到最后也许都无法跨越。

在别人面前装和谐，在家里分房睡的夫妻也不少，人为地造成的分居，连“床头打架床尾和”的夫妻沟通平台都失去了，真不知道这样的夫妻能坚持多久，他们的婚姻能走多远。

对于主观分居的人们来说，客观分居更让人无奈。工作的原因导致两地分居，性生活次数每年屈指可数，用坚贞不渝的情感维护着严重匮乏性需求的婚姻，我们必须想一想，值得吗？

我们很多时候都会说“两地分居是不好，可是没办法，总得生活嘛”。看上去真是一个无奈的理由，实际上是双方满足需求的层次和步骤进行了跳跃，与自我情感之间产生了矛盾。如果真是为了温饱而分居，那真是没办法，我想大多数都不是，大多还是为了荣誉、地位、面子或者更高的需求，而不知道基础的性需求也需要满足。这里就会有一个问题，能够满足性需求的对象可以不是对方，也可以是他人，如果我们能够做到允许对方为满足性需求找其他人也就罢了，但大多数人是难以接受的，这就是矛盾所在。所以我们就要权衡利弊，长期分居几乎都会产生婚外情，准确地说应该是“婚外性”，也许不会生情。不生情还好，生情了就麻烦了。针对两地分居应该朝两个方面打算，要不就尽最大的努力制造同居条件，如果双方都无法忍受分居的痛苦，那就只有离婚了。

失去安全感

无论男人女人，组建家庭后大多会有种温馨港湾的感觉，当在外面劳累受伤后，就会联想到家的温馨与舒适。而有些家庭不是温馨，是暴力。

家庭暴力是一种社会和生物因素共同作用的现象。在家庭暴力中，中国家庭暴力发生率为29.7%—35.7% 。美国家庭暴力受害妇女超过了强奸、抢劫及车祸受害妇女的总和。1/4的家庭存在家庭暴力，平均每7.4秒就有一女人遭丈夫打，有20%—30%的女人遭现任或前任男友的肉体上的虐待。家暴是妇女遭受严重损伤的最常见的原因，约占妇女他杀死因的40%上。

家庭暴力是一个全球性的问题。世界各国，家庭暴力都很常见，大多的弱势群体是女性（当然也有男的被暴力，30%的中国家庭暴力，受害者有近15%是男性），据世界银行调查统计，20世纪全世界有25%—50%的妇女都曾受到过与其关系密切者的身体虐待。

全国妇联的一项抽样调查表明，被调查的公众中，有16%的女性承认被配偶打过，14.4%的男性承认打过自己的配偶。每年约40万个解体的家庭中，25%缘于家庭暴力。特别是在离异者中，暴力事件比例则高达47.1%。据资料统计，目前，全国2.7亿个家庭中，遭受过家庭暴力的妇女已高达30%。家庭暴力引起的后果是严重而且多方面的，因为发生在家庭中而得不到及时有效的制止和处理，很容易导致婚姻的破裂。

江西有个1988年出生的女孩，在美容会所做店长，嫁给了一个开铲车的司机。职业的关系，这个女孩喜欢把自己打扮得很漂亮，而开铲车的司机又因为工作的需要，总是满身油乎乎、脏兮兮的。人们经常开玩笑说他们不配，男士的朋友还经常阴阳怪气地说："那么漂亮的老婆你要小心哦。"也许是受了这些方面的刺激，男的老是怀疑他老婆对他不忠，经常吵架并且大打出手，女孩经常被打得遍体鳞伤。渐渐地女孩开始不想回家，找朋友玩，出入歌舞厅，因此遭受丈夫殴打的次数更加频繁了，几次都使用了工具，住院都不在少数。最后这个女孩真的有了外遇，选择了离婚。

家庭暴力不单单伤及夫妻情感，已经涉及了人身安全的基础需求，"打打杀杀"的婚姻不可能幸福，如果有选择，一定会出现离婚的意愿。"打是亲骂是爱"这句老话让我们那些实施家暴的人试图用它来掩饰自己的心理缺陷，"血淋淋"的事实告诉我们，"打"真的不亲。

没有婚姻归属感

心理学研究表明，每个人都害怕孤独和寂寞，希望自己归属于某一个或多个群体，这样可以从中得到温暖，获得帮助和爱，从而消除或减少孤独和寂寞感。婚姻就是能够满足个人这样需求的一个重要的方式。婚姻双方的认同程度和密切程度，体现在归属感上往往是不同的。

两个人生活在一起，老公老婆多么温暖的称呼，让人觉得这个世界上有那么一个人愿意与自己相伴到老。在老婆做好饭的时候，亲切地说声"老婆辛苦了"，在老公烦心的时候，温暖地跟他说一句"老公，有我呢"。

婚姻不同于其他群体，婚姻中双方会有强烈的占有欲。希望对方只对自己有所付出，有别于一般朋友的用心，自己也愿意给予不同的回馈，这是属于两个人的世界。以至于有了誓言，出现了吃醋、嫉妒等反应。

婚姻双方营造一个和谐幸福、温馨快乐的家庭环境是非常重要的，良好的环境可以让在高压下生活的现代人拥有一个爱的空间。

假设我们的家庭环境是冷嘲热讽、充满抱怨，试想活在得不到爱而产生的孤独与寂寞中的人们，能够缔造什么样的婚姻？

我认识一个贵州的男子，跟我年龄相仿。结婚八九个年头了，一次在酒吧与一个陌生女人发生了关系，本来他只是打算“一夜情”就结束了，谁想这个女人喜欢上他了，接下来这个女人对他使用了破坏家庭策略，就在他在家的时候给他打电话，就在他睡觉的时候给他发暧昧的短信，没有几个回合下来，这个女人成功了，成功地破坏了他的婚姻，所有的一切都归了他老婆包括孩子，他一个人搬到单位宿舍了。

后来，我们坐在一起聊天的时候他说，虽然那个女人破坏了他的婚姻，可他一点都不恨她，有时候想想还应该感谢她，因为是她让他摆脱了那个让人感到窒息的家，每次下班回家老婆都是唠唠叨叨，不是侮辱就是责骂，从来都没有感觉那是个温馨的地方，所以他选择了晚回家，没事不想回家，一般找朋友玩，没人玩就跑夜总会去喝酒。

他回忆了那次酒吧外遇的事。周末，因为小孩的事，老婆又跟他吵吵，他老婆的嗓门很大，弄得邻居都过来劝，为了逃避他选择了离开。他想找朋友玩，可惜那天经常一起玩的那几个人都有事，他一个人晃荡了半天觉得没意思，都晚上了，又不想回家，就去酒吧喝酒去了。他正一个人喝着闷酒的时候，过来一个女人，两个人聊得很投机，可能是因为两人都郁闷的关系。这个女人也是刚刚跟老公吵架跑来喝酒的，两个人你一句我一句地倒着各自的苦水，彼此同情对方的遭遇，一致达成共识，人要活得潇洒快乐一点，就这样发生关系了。

酒吧，很多人都喜欢去，去那里减压放松，借酒消愁，释放郁闷的情绪，之所以酒吧艳遇多，可能就是因为到酒吧大多人是郁闷的，一个郁闷的男人跟一个郁闷的女人遇到一起，再加上酒精的作用，不出问题都挺难的。

美国密歇根大学一项研究显示，归属感是一个人可能经历抑郁症的最好预测剂。婚姻归属感低同样会使一个人陷入抑郁，尤其是女性表现得更加突出。抑郁来源于对婚姻没有归属感而产生的危机感。

我们可以好好地问问自己，我们有婚姻的危机吗？“你今天到哪里吃饭了？”“跟谁在一起？”“不可能会接待到那么晚吧？”……这些话我们应该经常听得到，为什么会这样说呢？它暗示着我们担心失去的恐慌，婚姻危机感下的“苦苦挣扎”。尤其是女人们，不要把你的老公赶到寂寞孤独的“酒吧”。

过度虚荣

战国时期，齐国有一个人，家里有一妻一妾。丈夫每次出门，必定是吃得饱饱的，喝得醉醺醺地回家。他妻子问他一道吃喝的是些什么人，他说全都是些有钱有势的人。他妻子告诉他的妾说：“丈夫出门，总是酒足饭饱地回来，问他和些什么人一道吃喝，据他说全都是些有钱有势的人，但我们却从来没见到什么有钱有势的人到家里来过，我打算悄悄地看看他到底去些什么地方。”

第二天早上起来，她便尾随在丈夫的后面，走遍全城，没有看到一个人站下来和她丈夫说过话。最后他走到了东郊的墓地，向祭扫坟墓的人要些剩余的祭品吃；不够，又东张西望地到别处去乞讨——这就是他酒足饭饱的办法。

他的妻子回到家里，告诉他的妾说：“丈夫，是我们仰望而终身依靠的人，现在他竟然是这样……”二人在庭院中咒骂着、哭泣着，而丈夫还不知道，得意扬扬地从外面回来，在他的两个女人面前摆威风。

这就是“齐人之福”的典故，以虚假的方式来保护自己的自尊心，也就是我们经常所说的虚荣心。

虚荣心是人的一种心理状态，存在于男女老少、贫穷富贵每个人的内心世界，是过度、扭曲的自尊心，是人们为了获得荣誉和引起关注而表现出来的一种情感。虚荣心表现在行为上，主要表现在攀比、好大喜功、看重别人的评价，自我表现欲、嫉妒心等。

在我们大多数人的印象中“虚荣心”是个贬义词，其实每个人多多少少都会有点虚荣心，我倒认为也许正是这种虚荣心给了我们内心一个前进的驱动力，正是因为有了比较，所以我们才更加努力，更加进取。《行为经济学》中提到一个例子，什么是有钱，有钱就是比自己的连襟每个月多一千元的工资，这个例子就是说，所谓的有钱，在人们心目中实际上是对比中的有钱。

那么，在婚姻中，虚荣心到底会有什么影响呢？其实影响婚姻的不是虚荣心，而是虚荣心产生的行为，可能你会想这还不是一个道理吗？有虚荣心一定会有虚荣心的行为。没错，行为一定会有，而表达虚荣的时间会带来截然不同的结果，度的把握也很重要。在婚姻中对虚荣心的运用要注意两点：时间（什么时候用），转化（转化成什么行为）。

我们先来看虚荣心转化的行为，在《权子·顾惜》中有一个《孔雀爱尾》的故事：一只雄孔雀的长尾闪耀着金黄和青翠的颜色，任何画家都难以描绘。它生性忌妒，看见穿着华美的人就追啄他们。孔雀很爱惜自己的尾巴，在山野栖息的时候，总要先选择搁置尾巴的地方才安身。一天下雨，打湿了它的尾巴，捕鸟人就要到来，可是它还是珍惜地回顾自己美丽的长尾，不肯飞走，终于被捉住了。以生命为代价的虚荣心就是虚荣心的过分表现，“齐人之福”也许过于夸张。但如果我们能把虚荣心产生的攀比，变为激发自己对工作积极进取的决心、对家庭的责任，这也没什么不好，反而更有利于个人的发展及婚姻的幸福。

对于虚荣心在时间上的运用，我们甚至可以把它作为一个经营婚姻的小技巧。每个人都有虚荣心，尤其是女人，什么时候运用虚荣心呢？房子、车子、奢侈品这类物体可能比较有代表性地说明女孩们的虚荣心。我们来看两个例子。

有一次在番禺一家星巴克跟朋友聊天，我们坐在玻璃窗边，欣赏窗外的行人和车流，偶尔也可以看看经过的美女调节一下气氛。我们邻桌是一对小年轻人（后来听聊天得知是小夫妻），这时玻璃窗经过了一个气质不俗的少妇。

“哇，LV。”那女孩子大叫（很多人都向她投来了吃惊的目光）。

“声音小点，那么多人看着呢！”男孩不好意思地说。

女：“什么小声点，人家就是喜欢嘛，等你有钱了也给我买好不好？”

男：“一个包那么贵，真不知道有什么好，攒下钱还要买房子呢！”

女：“嗯，好，买了房子后再给我买包，我们买房子一定要买地铁口的。”

男：“现在地铁口的房子很贵的，就算远一点的二手房都在两万以上呢，谁买得起呀！”

女：“不就两万多嘛，广州市区好地段的都四五万呢，还不是一样很多人买！”

男：“问题咱们不是那些有钱的人呀！”

女：“你这人就是没理想，反正我告诉你，咱们以后买房子必须要在地铁口，我们有两个同事就是在地铁口买的。”

男：“咱们十年都攒不够首付！”

女：“你这人，就是没有上进心，你往窗外看看，那些开着奔驰、宝马的男人会不会这样想？”

男：“我说过很多次，不要把我跟人家比！”（感觉有点生气）

女：“我们结婚的时候，你说会给我幸福，房子、车子什么都没有，连去个普吉岛你都说了多少次都还没带我去，我什么时候才能等到你的幸福？”

男：“你自己喝吧，我上班去了。”（男孩起身走了）

小小的虚荣心每个人都有，有的女人则似乎只生活在虚荣心填满的生活中，甚至成了常态，这样的女人不断地与别人比较自己老公、家庭、经济状况，男人最讨厌这样的比较，这样的虚荣会让男人感觉非常累，日子过得很辛苦，这样的婚姻难以和谐。这个例子是典型的虚荣心运用不当的表现，这个女孩的虚荣心用在了自己还没有得到一件事物的时候。比如说她还没有房，还没有车。读到这里也许我们挺难理解，不过没有关系，接着看第二个女人。

“老公，我知道我们刚刚买了房子，手头挺紧张的，但我还是想请公司的几个同事来家吃顿饭。”

买完新房请同事吃饭，多少也是一点虚荣心在作怪，与上面那个女孩不同的是，这个运用虚荣心的时间是在得到一件事物以后。这位女孩的老公很高兴地答应了她的提议。事实上，我们不可否认如今的社会是现实的，对年轻人来说，有没有房子别人对你的评价是不一样的，很可能以此来评判一个人的工作能力。运用虚荣心得到一件事物，不仅不会给男人压力，反而会增强他的优越感。因为这恰好也满足了男人的虚荣心。

总之，学会转化虚荣心对行为的表达，并且在得到表现虚荣的载体后，适当的虚荣是可以的，也是必要的。

什么时候是离婚的高危阶段

"七年之痒"一定有它的道理，社会进步了，也有人说应该十二年时候最痒，还有人说是十年和三年，总之很多人在关注容易离婚的阶段。在这背后我们可以看到，的确离婚是个社会问题，也是个挺让人头痛的人类问题。在我接触的案例里，归纳起来有两个阶段离婚率较高：一是女人在生第一个小孩时，从怀孕、生产到哺乳，前后大致两年时间。另一个阶段没有特别的固定期，但有个特点就是，丈夫处在中年，并且有较好的经济收入时，也会让婚姻变得脆弱。

婚姻高危阶段一：女人生小孩前后

女人生小孩，为什么容易离婚呢？我们不能否认的一个事实就是，在女性怀孕、分娩、哺乳期间，夫妻间性生活的频率很少。

在上文我们已经谈到性生活是人的基本需求，虽然我们上面只说了性冷淡跟分居，其实如果我们能够客观地看女人的怀孕期，应该可以把它归类为客观分居也不为过。我们上文所说的客观分居，是人们为了实现更高层次需求而产生的两地分居现象，无论分居也好，妊娠也罢，共同点就是性生活没办法得到满足。更准确地说，前者是双方都无法得到满足，而后者是男性的需求单方面得不到满足。

尽管医学证明怀孕期间可以有性生活，而且不会对胎儿有任何影响，但人们心里还是多了些别扭，多了些障碍，能少就少一些。在生产后的哺乳期间，带过小孩的女人都深有体会，一个晚上要起来多次，连睡眠都是个问题，哪有心思过性生活。如果有老人帮忙带，也会出现另一个问题，家里人多也多了些不便。

这个时间段的男人，性需求常常得不到满足，加上女人往往是最“丑”的时候，男人很容易有外遇，而且外遇的对象大多是他的朋友或者是女方的朋友。因为年轻的原因，一旦有外遇，这个阶段的男人很容易动感情，而这个时候的女人，思想还没有从女孩转变成女人，依旧有强烈的优越感，认为自己还很有优势，眼睛里揉不得半点沙子，很容易导致离婚。

所以在怀孕阶段，要有意识地淡化或解决男性性需求。很多女人都会说：“老婆那么辛苦，不能穿漂亮的衣服，不能化妆，恶心得连个好吃的东西都不能吃，男人还要在外面勾三搭四，这样的男人不要也罢。”没错，男人在这个阶段的确不应该对女人不忠，但在生理需求面前，伦理道德有些时候还是显得很脆弱。当然我们应该提倡有道德标准，与此同时我们也要有意识地预防妊娠期高离婚现象的发生。

婚姻高危阶段二：中年男人有钱时

“男人有钱就变坏”，中年男人有钱时，也是比较容易离婚的时期。偶尔听到一个观点，说中年男人有三件事比较喜欢：升官，发财，死老婆。虽说死老婆观点带有了浓烈的讽刺男人的味道，但也可以折射出这个阶段的男人对其他异性的心理渴望。

曾经访问过一个从事性服务工作的女孩，在打开对方心扉取得信任后我问了几个自己一直想知道的问题（也许是女人们都想知道的问题）。我问她：“来找你们的男人大概都是什么年龄段的？”

“至少80%是40—50岁之间的。”

“没有年纪小的？”

“有，相比少很多，也有老的，我们那里就有个老头，都七十多了，还固定一个星期来一次。”

“来这里的男人会不会在跟你们聊天的时候聊起自己的老婆？”

“基本上都会聊起来。”

“那聊到他老婆的时候，是说他老婆好呢还是说他老婆不好呢？”

“几乎所有的男人都说自己的老婆很好，什么温柔啊，贤惠啊，顾家啊，总之都说好。”

“既然他老婆那么好，他们怎么还来找你们呢？”

“哈哈哈，我们也是这样问他们的，每次他们说自己老婆好的时候，我们都会问他，既然你老婆那么好，干吗还来找我们？”

“那些男人是怎么回答的？”我迫不及待地问。

“大多数回答都说是没有激情了。”

没错，没有激情是事实。有时候回过头比较一下，其实来这样地方的男人还算是好男人了，至少他没打算跟这里的人发展感情，总比那些包“二奶”的，甚至还有“三奶”“四奶”的男人好得多。另外我们可以分析一下，如果按照刚刚那位女士给我们提供的论据，我们不妨得出两个结论。

首先，可以认为男人在有钱为基础的前提下，40—50岁年龄段的男人是比较性饥渴，是容易有外遇的，八成的数据可以说明问题了。也就是说，如果一个男人被女人过渡到50岁以上，这个男人有外遇的概率就会下降到20%里面了，再加上对40岁之前的教育，也许男人就没问题了。的确很多男人在这个年龄段，会主动出击寻找猎物，而过50岁后就算是有问题大多也不是主动出击，而是被勾引的被动结果。

其次，男人都会提到老婆并说老婆好，说明男人心里不是没有老婆，不是对老婆没感情，也不是不认同老婆。也就是说，我们不能把男人同其他异性发生关系的行为与对老婆没感情对家庭不负责任画等号。而我们现实中往往把它们画上了等号，而且坚信不疑，这样就会给接下来的双方互动制造出很大的麻烦，也许因此而导致婚姻破裂。

第七章
婚姻有病就得治

既然我们说婚姻如同身体会出现疾病，也会出现亚健康，有病自然就要治疗。可惜有些人身体出现不适，却拒绝到医院治疗，认为自己能扛过去或者是小毛病无须治疗。在婚姻疾病中，也会有那么一部分固执的人总是会说“没办法的”，来拒绝让婚姻健康。在进入婚姻全息疗法之前，我们先来端正一个态度，不是说有没有办法，而是要不要改善，没办法是自己认为的，是自己的能力问题，而要不要改善却是一个人的态度问题。

你是否有改善婚姻的愿望

如果我们现在确实面临婚姻危机，而自己又认为没有办法改善，那我们现在来进行治疗前的态度“消毒”。

找一张干净的纸写下这句话：我们的婚姻关系没办法改善。

接着我们把这句话进行一下调整，换成：“到目前为止，我们的婚姻关系没办法改善”。把这句话写在刚才纸上的第一句下面，看看是不是这个道理，我们所指的无法改变是不是现在无法改变，而不是将来也无法改变。如果你认为我们现在是在玩无聊的文字游戏，那我们就来举一个假设的例子。现在我们一天到晚都很郁闷，总是因为一些琐碎的事情吵吵闹闹，几乎两个人在一起除了吵嘴就是冷战，有时候真想逃避，虽然我们处在这样的情景里很久了，很累很疲惫，但假设世界末日十天后就来了，我们要如何度过跟爱人一起的日子？月有阴晴圆缺，人有旦夕祸福，我们无法预测接下来的日子会发生什么，说一句不太中听的话，如果我们的爱人在中途离我们而去，我们一定会为现在的行为而感到懊悔，我想那个时候的我们会希望付出全部的爱。我们再回过头看这句被修正过后的话“到目前为止，我们的婚姻关系没办法改善”，让我们把没办法定格在此时此刻，而不是将来。为什么要定格在现在？因为在心理学中有暗示效应，你认为的都是对的，哪怕错的也是对的，如果定格到将来我们就不可能改善关系，如果定格在现在，至少我们还有希望。

现在让我们再来看看写在纸上的两句话，是否看到了希望。如果看到了，我们再来写第三句话，“因为我不懂得____________，所以到目前为止，我们的关系没办法改善。”

接着在纸上写第四句：“如果我懂得________________，将来我们的关系就可以改善。”

接着写：“从____开始，我要__________，我们关系就会好了。”

接着写：“如果我不这样做，我将会受到______________惩罚。”（如果我们有强烈的改善婚姻意愿，不妨让这个惩罚重一些，最好是能够让自己心惊肉跳）发誓往往对一个人的内心动力系统产生积极的作用，因为人的内心动力源头其中一个就是逃避痛苦。

把写好的这张纸条放在自己的钱包里或者是自己每天都能看到的地方，用它来提醒自己要这样做。

现在可以把我们的婚姻体检中的“化验单”拿出来了。该部分下面的内容就像是衣服，不要只是看，把它穿在自己的身上，也许你会发现挺“美丽”。

设计积极传入信号

输入信息“化验单”

<table>
<tr><td rowspan="3">工作时间</td><td>性质</td><td>描述</td><td rowspan="3">现在掌握事情与工作性质与接触人之间关系的分析</td></tr>
<tr><td rowspan="2">人</td><td>某某</td></tr>
<tr><td>某某</td></tr>
<tr><td rowspan="2">休息时间</td><td>喜欢做的事情</td><td>描述</td><td rowspan="2">现在掌握事情与喜欢做的事情与接触人之间关系的分析</td></tr>
<tr><td>人</td><td>某某</td></tr>
</table>

这是我们的婚姻输入信号“化验单”，夫妻双方每人有两份，自己的一份，对方的一份。这份“化验单”可以通过对双方在工作

与休息时间接触的人、事进行分析，以改善婚姻为目的，整理出针对每个时间的具体策略。

考虑到可操作性，这里分两个类型：单方面治疗和双方面治疗。

单方面治疗，是指因某种原因，不方便让对方知道自己在进行此项事宜，而使用的方法。

双方面治疗，是指夫妻都愿意共同努力改善婚姻关系而使用的方法。

如果双方都愿意改善婚姻关系，事情就会简单得多。其实大部分夫妻都是愿意改善婚姻中的关系的。不妨跟你的爱人沟通一下，是否愿意深聊一次，从客观的角度，对待外部信号的刺激，分析一下到底自己该做什么，爱人该怎么做。

在此推荐使用，床尾谈判承诺法。

第一步：双方各自填写信号传入“化验单”，自己一份，对方一份，加起来共四份。

第二步：选择一个心情比较好的晚上，再搞点浪漫，再来一次激情就更好了。

第三步：将“化验单”一张一张地拿出来讨论，看看自己眼中的爱人和爱人眼中的自己有什么不同；看看自己眼中的自己和爱人眼中的自己有什么区别。

第四步：以促进婚姻健康发展为目的进行谈判，完成“床尾谈判承诺书”。比如：在异性交往方面，爱人对你的要求是“你不要那么多疑，我不可能跟她有关系”，你就可以跟他谈判，“老公，不是我想怀疑你，你要让我了解更多的事实，我才能够不怀疑”。然后讨论老公要做到什么，你就可以不怀疑，将其写在对应的“爱人承诺做到什么即可答应要求”栏。

床尾谈判承诺书	
爱人对自己的要求	**爱人承诺做到什么即可答应该要求**
工作性质方面	
异性交往方面	
休息活动形式方面	
朋友交往方面	

续表

床尾谈判承诺书	
自己对爱人的要求	**自己承诺做到什么爱人即可答应该要求**
工作性质方面	
异性交往方面	
休息活动形式方面	
朋友交往方面	
备注： 承诺人：______和______ ______年______月______日	

第五步：相拥而眠。

分析爱人“化验单”（四联疗法）

拿着这张爱人的“化验单”，接下来我们将自我分析，会有四个诊断结果出来，方便自己针对性处理，同时会有建议性的四联疗法处方。

工作性质：

爱人在工作时间里，工作性质会塑造出什么样的性格？______

这个性格是否对婚姻关系有负面影响？______________________

如果有，可能有什么影响？______________________________

思考：

能否有方法调节？__________________________________

是否有其他可行的活动方式弥补缺陷？______________________

建议处方：取长补短法

支持、鼓励良好面，暗示、帮助不良面。

每个人的工作都会对人产生影响，有好的一面也有不好的一面，发现对婚姻中可以起到积极作用的一面，支持并鼓励继续发扬，搜索对婚姻不利的一面，通过暗示、帮助，或者是理解的方式进行改善，让婚姻朝着健康的方向发展。

一个朋友的老公，在一个企业里做总监，工作压力很大，人变得很急躁，动不动就发脾气，回家也不例外。为改善老公的急躁脾气，我的这位朋友买了一些情绪管理的书籍给她老公看，并且晚上跟老公一起做睡前瑜伽，增加了户外活动的频率，让幼儿园有家长活动时给老公打电话，参加爸爸亲子游戏，有意播放一些喜剧电影等。总之采取的方法是，用开心、放松来占用可能发火的时间，慢慢地，她老公在家里发脾气的时候越来越少了。

工作中或者说工作时间接触的人（主要指异性）：

爱人工作中接触异性是否可能有暧昧？______________________

可能性大小？____________________________________

思考：

如果有很大的可能性，你该怎么处理？______________________

建议处方：见异思迁转移法

给爱人介绍异性朋友来转移淡化在工作中可能出现的暧昧。

尤其是男人，在外面喜欢搞暧昧，他其实不是真的喜欢外面的那些女人，只是比较自恋，以此来证明自己的魅力。男人喜欢勾引人，勾引到人家女孩子喜欢上他，他只是把崇拜爱慕他的那些女孩子放到自己内心，好满足自己的虚荣心。大多数最后都是管不了自己而出现的不可自拔。你不妨请自己的女性朋友来家里做客，让老公经常不亦乐乎地忙活在女人堆里。放心，为此，他会下厨房，洗碗筷，倒垃圾，多让老公陪着你去参加聚会。这种方式就是用你可以掌控的资源，来占据爱人的思想。

休息时选择的事：

爱人工作以外的时间喜欢做什么？____________________

所做的事情对婚姻健康是否有影响？__________________

如果有，有什么影响？____________________________

思考：

你该怎么办？___________________________________

建议处方：异种兴趣培养法

培养爱人的不同兴趣，来取代现在的休息方式。

爱人休息时选择的休息方式，尤其是你讨厌他（她）的那一种休息方式，往往是他最喜欢的一种方式，带有性格倾向，你如果讨厌他（她）的那种方式，在他（她）看来你就是讨厌他（她）本身，如果这样不引起矛盾都不容易，即便这种方式严重影响婚姻的健康发展，我们也要冷静地思考，这到底是什么东西吸引着他（她）要选择这样的方式？如果把这点弄明白了，那就好办了，我们开始可以选择一个类似的方式，来取代现在让你看得不顺眼的方式，哪怕你所选用的新方式是不完美的，总比现在的要好。有位女士的老公在休息时喜欢找人打麻将，而且经常玩到半夜才回家。于是她找了一个具有赌博性质的游戏让她老公玩，一个星期后她就坐在沙发上看着老公玩那游戏误了麻将场而偷着乐了，她不停地换游戏，她怕老公上瘾，沉迷游戏也会带来新的麻烦。接着她又用了兴趣转移法，当时刚好是夏天，天气非常热，她让老公陪自己学游泳，最后她老公又喜欢上了游泳。最后在她的精心策划下，一个喜欢打麻将的老公，现在休息时经常陪她一起去游泳。

休息时接触的人：

爱人休息时接触的是哪类人？________________________

是否对婚姻有负面影响？____________________________

如果有，会是什么？________________________________

思考：

如何处理？____

建议处方：挑拨离间破坏法

挑拨爱人对休息时接触人的认知，从而达到少接触或者不接触的目的。

应用挑拨离间法时，首先要注意的一点就是，以事实为根据，不然会适得其反。每个人都会有人性弱点，我们先对那些对婚姻起到负面影响的人进行全面的分析，找出他的弱点，分析这些弱点经常暴露在你爱人的面前，是否能让他（她）与你产生共鸣对他们印象变坏，从而实现与他们少接触的目的。比如我们发现在爱人的朋友中，有一个人经常在外面找“一夜情”，但是他人不坏，做朋友绝对没问题，但是你老公跟这个朋友经常在一起，无疑对你们的婚姻可能产生负面影响，但我们又不能直接说他人身上这个弱点，因为这是人家自己的事，跟你们夫妻没有什么关系，即使说了也不会产生共鸣，达不到效果，所以一定要找到他身上与你们利益相关的弱点。例如这个人因为其他嗜好经济比较紧张，对朋友进多出少，我们就可以设计不断地给予，当没有得到任何反馈的时候（其间故意让他没有反馈），我们便可以跟爱人挑拨这件事情，几轮事实下来，自然可以收到效果。人是比较容易受到他人影响的，尤其是很容易受到亲近的人的影响。

分析自己“化验单”

工作性质会塑造出自己什么样的性格？______________

这种性格是否对婚姻关系有负面影响？______________

如果有，可能有什么影响？______________

工作中是否有人对你有好感或者暧昧？______________

休息时你经常喜欢做什么？______________

是否感觉爱人因此不开心？______________

休息时你接触的朋友中，是否可能有对你婚姻有负面影响的可能？______________

思考：

我是否愿意为婚姻的健康发展而进行调整？______________

该进行怎样的调整？______________

建议处方：自我批判保证书

保证书

为了自己婚姻幸福，家庭长治久安，我愿意从自我做起。

我愿意做__________，以改善由工作性质塑造的个性对婚姻的影响。

我愿意做__________，以改善由工作中接触的人对婚姻的影响。

我愿意做（休息时的事）__________，以对婚姻产生积极的影响。

我愿意做（休息时接触的人），__________以对婚姻产生积极的影响。

特此保证，今日开始执行。

签名__________

______年______月______日

婚姻并不是你认为的那个样子

在婚姻体检部分，我们用了大量的篇幅来说明信念系统基础知识，目的是让我们试着能够对自己有所了解，我们大部分人都喜欢在出现问题的时候，把责任归咎于别人，在婚姻出现亚健康或者危机的时候，双方也是这样的情况，很少考虑自己的原因。事实上这也不是我们的错，我们很少能够知道自己的原因，这都要归结到我们的信念系统，我们所拥有的信念系统形成了独特的自己，我们认为婚姻就应该是这个样子，只有达到我们想的样子我们才觉得婚姻是幸福的，可惜的是夫妻双方所认为的幸福婚姻是不一样的。

现在把上个章节的婚姻系统三张“化验单”拿出来吧。第一张“化验单”反映的可能是你对婚姻的认识，第二张“化验单”是你潜意识里理想的婚姻价值观，第三张“化验单”是来自对方部分不符合你认为的婚姻的规条。具体你会写什么，这里不得而知，不过在你所写到的一些内容里，我们要找出负面、限制性的信念系统产物。

婚姻不是自己的事，而是两个人的组合，关键在于我们能够认识到，不是我认为婚姻应该是怎样的，而是我们认为婚姻应该是怎样的，把“我”换成“我们”，确立“我们”的婚姻信念系统是维护婚姻健康发展的基础。

如果你认真学习，现在应该知道该怎么做了。如果你还不知道，没有关系，我们接着阅读。

首先我们来了解一下，婚姻中的双方一定要避免三个最具破坏性的限制性信念：

无助：我没有能力让自己的婚姻幸福。

无望：我不可能拥有幸福的婚姻。

无价值：我没有资格拥有幸福的婚姻，我不配拥有幸福的婚姻。

也许我们现在的婚姻有很多的瑕疵，也许我们的家庭环境让我们很辛苦，很艰难，如果我们抱有以上三个信念，接下来发生的事情一定是“如你所愿”。其实我们很清楚，在我们的内心深处，并不希望这样的结果出现。

有两位70岁的老太太，一位认为到了这个年龄可以算是人生的尽头，于是开始料理后事。另一位却认为一个人能做什么事不在于年龄的大小，而在于自己的想法。于是她在70岁时开始学登山，随后的25年里一直冒险攀登高山，其中几座是世界有名的险峰，最后她还在95岁高龄时登上了日本富士山，打破了攀登此山年龄最高者的纪录。她就是著名的胡达·克鲁斯老太太。这个故事告诉我们，影响我们婚姻的绝不是环境，也不是遭遇，而是我们抱持什么样的信念。

如果让消极的信念长久地占据优势，会使人形成一种后天的无助状态。没有人规定你信过什么信念就一直要信下去。没有比人更高的山，没有比脚更长的路。

用恰当的方法表达婚姻总体信念系统，才会获得美满的、幸福的婚姻。

幸福婚姻关键是要在信念系统中找到交叉点

信念系统是我们每个人的思想发动机，每个人可以凭这套系统去处理婚姻中的每件事，现在关键是在夫妻双方的信念系统找到交叉点，因此现在构建的这套系统决定了你们的婚姻是否幸福。

第一步：消除负面信念及限制性信念

所谓限制性信念，实际上就是对自己的价值和能力的自我设限。例如有些人常说：我学不会游泳，我不会带小孩，我做不好饭。这些都是对自己的能力和价值规定了范围，给自己的人生设置了障碍。最可怕的是这些信念往往触及了你的身份和自我价值的层次，不但会让你丧失自信，而且影响了你对自我的认定，影响你的决断。

同一件事情里面总有不止一个意义包括其中，找出其中最能给自己帮助的意义，便可以把事情的价值改变，使事情由绊脚石化成踏脚石，自己因此有所提升。

如：因为老公回家晚，所以我不开心。

改成：老公回家晚，所以我开心，因为老公是为了工作才回来得这么晚。

抽出“化验单”中你想纠正的6句话，套用这个格式来整理出你感觉喜欢的正面句子，记在你的婚姻笔记中。

第二步：建立共同的正面信息

注意：一个新的信念有以下特点：以“我们”开头；用正面词语组成；双方认同（不能有一方是迁就形成的）；符合“你好，我好，大家好”的原则。

选择“我们”开头，是把属于“我”的变成了“我们”的，有利于找出共同目标。正面的词语有助于建立正面信念。尽量在建立信息时使用正面词语，日子久了，你会发现自己的婚姻会变得更加和谐。事实上看看周围幸福的婚姻，他们说话多用正面词语，而那些失意婚姻的人说话则充满负面词语。所以构建夫妻信念系统时，一定要选择正面的词语。在沟通过程中，两个人有不同意见的信息，不可以选用，可以放弃或者是经过协商达成统一后选用。把“化验单”中你认为的负面的信息改为正面的信息。再举两个例子：我们经常因为一些小事吵吵闹闹改为：我们要理解关心对方；我们婚姻不幸福改为：我们一定会有幸福的婚姻。

第三步：共同设计高效信息标语

正面陈述是陈述信念的核心，再注意两个关键点：1. 将重点放在结果上而不是过程上。如我们可以改善婚姻关系，应该改成我们现在婚姻很幸福。2. 从现在开始，如果你让潜意识有借口来拖延问题，你就真的会逃避问题。当你的信念标语这么写着：我们将用出门接吻的方法来表达关心对方。事实上潜意识中你们也容许自己把这事拖到了明天以后，明天还没来，今天还可以偷懒，应改成：我们正在用出门接吻的方式来表达关心对方。

请认真写下你们的婚姻信念标语＿＿＿＿＿＿＿＿＿＿＿＿＿＿

第四步：审视信念标语

当我们定下一个幸福婚姻目标，应运用这个方法去检讨关于这个目标的重要信念的支持程度。如果双方任意一方不能够回答清楚，说明这条信念标语需要进行调整。

看着我们写下的婚姻信念标语，问以下四个问题：

1. 这个目标是否是我们真正想要的？是否是我们内心向往的？

2. 这个目标是否有可能实现？我们是否真的相信我们有可能实现它？

3. 这目标需要我们付出怎样的代价才能实现？我们是否清楚实现这个目标的过程？

4. 我们是否对这个目标负起责任？

第五步：将标语输入潜意识

信念无所谓真实，只有假设，有的只是好与坏、对与错，对我们的婚姻有益或无益，如果我们确定对婚姻是有益的，那我们就可以持续性重复，尽量把它输入我们的潜意识。

1. 将写好的信念标语摆在眼前，放松身心地进入冥思。

缓慢地读着你的信念标语，甚至可以读出声来，以便使阅读的速度更加缓慢，将每个字清楚缓慢地读出，可以多读几遍。

2. 幻想你们已经达到了目标，想象实现理想所带来的喜悦。

3. 睁开眼睛，让自己恢复到完全清醒的状态。

4. 把你们的信念标语写在卡片上。

5. 前三个月每天晚上拿出来读三遍，将信念变成思维习惯。也许你会发现它很容易就能帮助你们达成目标。

回过头来看看，让你实施这五个步骤的婚姻信念是否跟“化验单”下面写的那三个词语相符合，如果相符，值得恭喜，因为它符合了你们的婚姻价值观。接着让我们对这个价值观进行进一步明确，以免我们在不知不觉中阻碍幸福的到来。

尽量统一双方爱情价值观

毫无疑问，如果夫妻双方选择相同的价值观，对婚姻一定会起到积极的推动作用，这是经营婚姻最为基础的建设，相当于“要想富，先修路”。统一双方的价值观不是统一双方所有的价值观体系，而是把相同的价值观进行交叉；把不同的价值观通过协商来进行统一，不是把两个人变成一个人，当然这也不可能实现。

现在我们来考虑一个问题，是否拥有了相同的价值观，你们每天的心情都会是一样好呢？不一定，为什么？因为也许你们的价值观准则有差别。价值观准则就是用来判断我们所重视的价值观是否已经实现的规则。举例来说，假如你的价值观是爱，价值观准则是：当你付出爱而不图回报时，你就感觉到了爱。而他的价值观也是爱，他的价值观准则是：当我付出一斤爱你就应该回报我一斤爱，甚至希望你回报两斤。价值观准则就像一个审判长一样，决定着我们的行动是否会满足我们所重视的价值观。既然是审判长他就可以判你快乐也可以判你不快乐，而这个审判长却是你自己任命的。

我们现在就拿两组调整前后的价值观准则的对比来总结价值观准则统一应该遵循的原则。

调整前：爱——当我伤心难过时，我的爱人能够安慰我，我就体会到了爱。

调整后：爱——当我付出爱而不求回报时，我就感觉到了爱。

也许你可能会说，调整价值观准则就是把标准降低了。其实我们来看一下，调整前的价值观准则很难让你体会到快乐，反而更容易感受到痛苦，因为它将你快乐的控制权交给了外界，使你无法控制自己的感受。价值观准则是用来帮助我们获得成功快乐人生的工具，你们所制定的规则要能够帮助你们，而不能阻碍你们达成目标，它必须是你能掌握的，这样外界就无法控制你的感受，同时让自己感受到快乐，而很难感受到痛苦。

现在请把你选择的 3 个价值观制定成价值观准则，并把它们写在你的婚姻笔记本上面。

双方规条过滤法

看着“化验单”2 中三个词语，问自己一个问题。什么情况出现，你便会有这种感觉？

把这些出现的情况写下来，让夫妻双方都知道，然后记在你的婚姻笔记中。这些大多就是能够让你获得幸福的规条。

优化婚姻双方的信念系统，制定双方统一的共同信念系统目标，是幸福婚姻的基础。也许这些内容会有些枯燥，也可能在认真参与的时候，会有种说不清楚的压抑感，这些都是正常的，从理论上来说明一个事物往往比较枯燥，一个人在被剥离表面挖掘深层的东西时也难免会有些压抑或者不舒服。在此以及下文中应用了很多 NLP（神经语言学）技巧，希望你能够反复阅读，认真理解。

老公，我们不要站着吵架

我们提到了，态度是一个人的心理状态，严格地说应该是有时间约束的，对待同一事物的心理状态，今天和明天可能是不一样的，这段时间跟那段时间也是不一样的，而这种不一样除了不太容易改变的信念系统决定以外，更多的是被一个人当时的情绪所左右。而人的情绪是多变的，不确定的，也可以理解成，人对待一件事物的心理状态也是多变的。

那么，多变的情绪放在婚姻经营中，是否可以说婚姻经营也将是变幻莫测呢？不是的，因为这种变化会在一个轨道中进行，那就是我们上面所说的信念系统。在信念系统的支持下，我们虽然不可预测会有什么事情发生，但我们可以始终保持正确的方向。人内心有个需求平衡系统，促进平衡的就会表现出良好积极的情绪，破坏平衡的就会出现消极的情绪。我们可以大胆地说，人的一切行为都有情绪，或好或坏；人的一切决定都是情绪的决定，或对或错。

假设现在我们的轨道是正确的，运行在轨道里的情绪，积极的越多轨道使用的年限会越长，如果存满了消极负面的情绪，轨道误认为那样才是正确的。因此，不断修正双方共同的轨道（信念系统）固然很重要，让运行的情绪变得积极同样不可忽视。

而在家庭生活中，似乎有很多事情都会让我们产生负面情绪，甚至每天都可能出现，所以我们经常会发现自己的脾气很大。在我们还没有建立一个完善的信念系统之前，或者是刚刚建立不久的时候，为了维护信念系统的正常运行，学会消除负面情绪是一件很重要的事情。大量的情商书籍告诉人们，在社会活动中，负面情绪对个人及家庭良好发展是具有很大约束和破坏力的；同时，负面情绪影响的不仅仅是自己，也会影响到别人，甚至辐射到整个家庭团体。在家里如果有一个人今天不开心，你会发现一家人一天都不开心。看到老公不开心，即使有高兴的事情老婆也会跟着不开心。当然消除负面情绪比较困难，而且不具备应激性特点，所以要结合控制情绪策略，把控制应激性情绪、长期有意识的消除积攒的负面情绪和应用价值观准则转换情绪结合起来。在本书中我们称为三维情绪管理。

首先我们来看应激性情绪控制。突发的事件给我们带来的情绪波动也许我们早就意识到给我们带来了多少麻烦，甚至因为经常出现的负面情绪产生痛恨自己的想法，也因为情绪失去了很多机会，也会让自己因它而走了很多弯路。控制突发事件产生的负面情绪，很多心理学家都有深入的研究，也提出了很多行之有效的方法，我们来介绍几种控制情绪的方法。

1. 张嘴　我们可以观察身边的人，几乎每个人在生气的时候，都有一个闭嘴的动作。如果你以前没有注意，以后不妨观察一下你周围的人或者你的爱人，他们在要生气的时候往往都是先把嘴闭上。当然你现在也可以站在镜子面前，假设你对着自己在生气，观察你的嘴，是否是闭上了，一般都是，几乎连龅牙都不会例外。既然闭嘴跟生气联系得这么紧密，一定有它的道理。人体非常神奇，虽然现在科学还没有发现为什么生气就要闭嘴，还是闭嘴了看着像生气，不好下个结论，无论如何，生气跟闭嘴形成了里应外合的关联。因此，我们似乎可以打破这种“自然现象”来缓解生气，能不能做到，我听一个保健师说了这种方法，自己试试还是有效果的。你也不妨对着镜子试试，开始你对自己生气，在镜子里的自己是闭上嘴巴的，现在你可以先把嘴打开，然后再做跟自己生气的表情……怎么样，是不是很难做生气的表情？

2. 降低心脏的位置　我们心脏的位置越高，情绪可能就会越激动。我们可以观察那些吵架的人，开始坐着吵，吵着吵着就站起来吵了，站起来还不行，还要踮起脚吵，有些还要站在桌子上。我们也经常看到电视里面，那些听到一个坏消息的日本人，一拍桌子站起来了“八嘎”。相反，心脏的位置越低可以越容易让情绪平和，所以女同胞们，以后要学会跟老公吵架的时候，站着的你就一定要说：“老公，我们不要站着吵，来，我们坐下吵。”如果坐下还是继续吵，怎么办呢？很聪明，是的，你还要接着说：“老公，我们不要坐着吵，我们躺着吵。”躺在什么地方吵比较好呢？没错，床上。

3. 离开现场　当不可避免的情况发生，你感觉到自己即将爆发的时候，选择暂时离开让你产生情绪的现场，也许是一个好的处理方法，离开后你可以有时间考虑整个事情的状况，可以考虑你该怎么应对，往往可以有更好的处理方法。相传，唐太宗每次下朝后喜欢散步，但他散步不是为了休闲。他身边有一个很有名的人叫魏徵，魏徵是提意见的，每次上朝的时候提意见，唐太宗的脸色就会不好看，但是为了治理好这个国家，他一定要把自己的心胸打开，去散步是因为他怕太激动而错杀了魏徵，为了管理自己的情绪，只好去散步。唐太宗的情绪为什么管理得比较好，跟他“散步”是分不开的。

离开不是逃避问题，离开是为了更好地解决问题，所以不能离开了就不回来。有很多男人都会用离开现场的方法来应对女人的唠叨，可惜的是离开了就不再回来。女人在外面敲破门，躲在房间的老公连一点动静都没有，把女人们气个半死。所以选择离开现场控制情绪的方法，要抱着解决问题的态度，而不是逃避，这是两种完全不同的心理状态。

4. 反应变得迟钝一点　迟钝到什么程度？6 秒钟就好了，停顿 6 秒钟再进行反应，心理学家从大脑结构分析了情绪失控的原因，情绪的产生比逻辑思维快 8 万倍，需 6 秒钟的时间丘脑阻断的信息就会传送到脑皮质，相应的逻辑思维分析也就会被激活。也就是说情绪出现的那一刻，理智还未产生，失控的情绪很容易让我们做出不理智的事。因此在情绪产生时，要耐住性子等 6 秒钟后，情绪与思考才能彼此沟通，并能做出“高情商”的决策与行动。“情绪绑架”的存在，意味着情绪是瞬间无意识支配行为，没有经过大脑的本能反应，而本能反应往往带有极其强烈的动物本性。因为在人类进化的过程中，生存一直是人类面临的重大考验，活下来就是第一的生存环境，让我们每个细胞都具备了逃离不安的特征，只要是让自己不舒服的刺激出现，自己就会产生应激性的防卫，也就是情绪的出现。从这个角度来说情绪不但不是个坏东西，反而它是我们机体的一种自我保护。就如同发现危险我们要逃跑一样的不假思索，除非经过特殊训练，例如特种兵在遇到危险的时候跟常人的反应是不同的。我们要理解自己的情绪发生，当你情绪出现的时候，你首先要跟它说“哎呀，谢谢你，谢谢你这么及时地对我进行保护，我知道了，现在该我来想想怎么处理这件事情了。”

再来看长期有意识地消除积攒的负面情绪。每个人都积累了很多在当时环境下不能表现出来的负面情绪，这些情绪会发生转移，就是我们经常说的，把工作中的事情带回了家，把在外面受的气撒在老婆孩子身上。负面情绪不会自己离开你的身体，它会选择一个渠道出来，寻找一个固定有效的渠道对负面情绪进行阶段性消除，对人的身体健康及社会交往都有重要的意义。

在婚姻体检中我们做了三张心理状态表格，是 NLP 视觉、听觉、感觉次感元练习的技巧。如果善于应用，我们可以使用这个工具来清除积攒在我们体内的那些负面情绪，可以把这个方法作为一个排除负面情绪的渠道，以实现那些情绪不会随意影响我们的家庭和谐和婚姻幸福。

第一步：请你回想一件看到的不快乐的事，比如说婚姻心理状态表格1，然后放松，进入状态（让自己进入当时的情景），对照表格各项找出次感元。

第二步：回到现在的状态。

第三步：请你回想一件看到的很快乐的事，同样用那张表格，放松，进入当时的情景，对照表格各项找出次感元。

第四步：回到现在的状态。

第五步：对两种不同事情的表格，进行对比分析找出有分别的次感元。

第六步：请你放松进入状态想起刚才不快乐的事，逐一改变有分别的次感元，改变的时候按照对比快乐中的次感元，比如颜色明亮就变暗，比如图像在近处就拉远，同时感受那一个（或多个）次感元改变后自己有什么感觉。

第七步：回到现在的状态。

这个方法需要多加练习，必要的时候可以找专业人士辅导。

最后我们来看应用价值观准则转换情绪，在上面的内容中我们提到了价值观准则一词，不知你现在是否还会记得刚刚看过的内容。两个不同的人，对同一件事情可能会出现相同的价值观表达，但两个人相同的价值观指导下的行为却可能有很大的不同，甚至会出现相反的情绪，这就是他们的价值观标准不同。价值观标准告诉我们，我们决定不了别人怎么对待我们，但我们可以选择自己的情绪。想快乐还是想痛苦，想平稳还是想愤怒却都是自己的事情。核心就是要把自己的情绪，控制在自己的手中而不是交给别人。按理论来讲，除非是自己要生气，否则别人是不可能让我们生气的。也就是说，我们一旦拥有了让自己开心的价值观标准，情绪便可以有效地从负面转换成正面，其实说到底就是选择，我们可以选择开心也可以选择生气，就看自己选择的是什么。一般情况下引发情绪会有三种情况：一种是自找的，一种是自己可以改变的，一种是无法掌控的。自找的情绪就是没事找事，看着爱人在看电视，你在那里做饭，就觉得心里不平衡。自己可以改变的是指通过自己的影响可以改变的状况，比如说爱人一看到丢三落四就会骂你是头猪，你可以通过改变自己的行为来改善这种情况的出现。无法掌控的是指，你没办法能够预测的状况，比如你跟老公喝咖啡，突然经过一个美女，脚下打滑，一头扎进你老公的怀里，并且嘴巴跟你老公的嘴巴碰到了一起。无论哪一种，想一想我们自己是否都可以选择开心，答案是肯定的。第一种自找的，说白了就是自己选择的生气；第二种可以通过选择改变来实现；第三种无法预测我们可以选择乐观地接受。

在《高效能人士的七个习惯》中提出了关注圈与影响圈的概念。关注圈即我们日常关注的问题，如健康、婚姻、子女、工作、环境、兴趣等。在关注圈内，有些是可以被我们掌控的，有些则超出范围之外，前者形成一个较小的圈子，就是影响圈。

积极主动的人专注于影响圈，他们专心做自己力所能及的事，他们的能量是积极的，能够使影响圈不断扩大、扩张和成长。而消极被动的人则全神贯注于关注圈，紧盯他人弱点、环境问题以及超出个人能力范围的事情不放，结果越来越怨天尤人，自艾自怜，并不断为自己的消极行为寻找借口。错误的焦点产生了错误的能量，再加上对力所能及的事情的忽略，就造成了影响圈的日益缩小。

想要忽略婚姻家庭中超出我们控制之外的事情并非易事。关键在于我们究竟要把多少精力放在这些控制力之外的事情上。我们是否把自己过多纠结于爱人的错误而不可自拔，致使真正能够决定我们婚姻幸福的自我成长失去成长的土壤，枯槁衰败，婚姻一团糟。

在与爱人交往时，“在刺激和回应之间，我们有选择的自由”，在刺激之后，回应之前，扪心自问，自己真正想要的是什么，然后再作出选择。

在了解影响圈与关注圈之后，还需保持清醒的头脑，分辨出何为可影响，何为无作为。人往往自视甚高，认为自己可以改变世界，现实中却连自己也无法改变。很多人想当然地认为与自己有关的便是可以改变的。其实不然，如果你想改变你的老公，请打住，想改变他人本身就是一道做错了的选择题。

如果说三维情绪管理中，控制应激性情绪和长期有意识地消除积攒的负面情绪是对抗情绪的方法，那应用价值观准则转换则是转移情绪，前面两个是情绪产生的处理方法，而后者却是防止负面情绪产生的技巧。管理好自己的情绪，让自己保持积极乐观主动的心理状态，对婚姻就可以产生积极的促进作用。

“情感银行”应多存款少提款

夫妻间日常的语言和行为对婚姻的幸福与否影响最为直接，我们去问那些婚姻不幸福的人为什么感到不幸福？他们基本上的回答都是爱人经常说什么话或者是爱人经常做什么事。所有的不满几乎都来源于交流互动中的语言和行为，所有幸福的感觉同样来源于此。如果这样说，我们是否可以理解成，如果一个人会说话会做事是不是就可以拥有幸福的婚姻呢？的确是这样的，“会”就代表有优良的信念系统及心理状态，良好的信念系统及心理状态也许不是短时间可以训练出来的。如果我们不会说话不会办事能否也让婚姻幸福呢？我们也许不会说也不会做，但我们一样可以做到把话说好把事做好，因为我们知道哪些是好话哪些是好事。

有一次在南昌讲课，课程结束后，一位女士捧了一束花走上了讲台。她上来，把花献给我后，接过我手中的话筒，“在这里我要感谢一下史老师，我这是第二次听史老师讲课了，上次在九江听过，我觉得挺有道理，现在有很多我都用到了生活中，我跟老公的关系的确改善了很多。其实上次听完课，一回去我就验证了效果，那是因为史老师在讲课的时候举了一个例子。我记得他举了一个例子，说一个女人回家晚了怕老公生气，就说‘老公我今天去听课了，听完课才发现，原来我这一辈子只做对一件事，就是嫁给了你’，当天回去我也说了，还挺管用的，本来他不开心的，我这样一说他就给我放洗澡水去了。以前我只要是遇到不开心的事，就觉得自己嫁错了人，是我老公的问题，后来改变了一些想法，也会了一些技巧，才发现婚姻真的是需要用心经营的……”她讲了二十多分钟，完全忽略了我的存在，我不知道该站在讲台的哪个位置好，不过能分享到她的幸福，真的很开心。

我们假设，上面的这位女士如果回家晚了，而且能够感觉到自己的老公是生气的，老公生气地问：“去哪里了，怎么回来得这么晚?”回答：“关你什么事，你还不一样经常这么晚回来!”如果是这样的对话，我们想想接下来会发生什么事情，争吵是在所难免的了，也许会大打出手。一句话，能带来热的洗澡水；一句话，也可以带来拳头。

单纯来说语言，说什么很重要，学会闭嘴也同样重要。比如，在讨论的过程中你的爱人突然用很大的声音跟你说话，我们通常称之为吼。他（她）为什么要吼，大部分是想制止你当时的话语。我们自己不会停下来，不会闭嘴，那他（她）只有用那种方式来打断你。其实学会闭嘴主要是学会倾听，其他人在不想听我们说话的时候可以选择无关紧要的微笑敷衍，而对我们的爱人却不能，他们的角色决定必须要面对，即使不想听也要沟通，因为结果关乎我们的婚姻家庭利益。我们经常抱怨他们不跟我们说心里话，实际上我们根本不曾给他们向我们诉说的机会，想了解爱人的内心，也只有听他（她）说才能够了解。所以我们想要会说话，第一步先要学会听，倾听在沟通的艺术里比说更加重要。在很多销售性的企业里，培训员工倾听是很重要的内容。我们要明白说话的目的，往往人们说话是为了沟通，如果不是为了沟通，那自言自语就好了。既然是为了沟通，沟通是双向的，既然是双向那就免不了要听，听可以了解对方的心声，听可以让自己有时间考虑把话说好。什么叫把话说好，好的标准是什么呢？就是对方想听的，我们很多时候只是说了我们想说的，而没去理会是否是对方想听的。

我们经常羡慕别人一句话能够把他（她）的爱人说得心花怒放，一件事能做得让他（她）的爱人感动得泪流满面。难道我们就不会那样说那样做吗？理论上完全可以。我们完全可以通过改变所说的话，所做的事，来让婚姻朝着幸福的方向发展。如果你在怀疑，想通过现在的语言和行为来造就出不同的婚姻状态，我可要提醒你，不太可能。重复旧的语言行为只能得到旧的结果，想结果不一样，语言跟行为就要不一样。在接下来的婚姻免疫系统里，我会提及这个观点。

如果我们感觉到婚姻中有很多问题的时候，就像婚姻语言行为表格 1 中，爱人会对你的话和所做的事情两次提及，说明这些语言和行为对他（她）的伤害是很深的，这就是提醒我们要改变部分语言和行为的时候，这个不难理解。婚姻语言行为表格 2，都是一些夫妻间表达爱意及情感的语言和行为，也可以说是日常的，如果回答“是”，说明你们之间应该是日常的却成了“奢侈品”，当然不是好现象。

改变是痛苦的，因为我们已经习惯了那样说，习惯了那样做，突然间做出不适应的调整，我们开始肯定会感觉到很别扭，也许正是这种别扭才能提醒我们正在改变。

婚姻语言行为里使用的治疗方法叫“存款计划”。人与人之间都有一个感情的账户，一个微笑就是存了一笔爱的款项，一句尖酸刻薄的话等于提款。在婚姻中也是同样的道理，那就是有利于婚姻健康发展及双方情感的语言行为就是往“情感银行”里面“存钱”，破坏婚姻健康发展及双方情感的语言行为就是从“情感银行”里提款。钱存得越多婚姻会越幸福，反之将会越不和谐。有人提到想要婚姻幸福，每日“存款”和“提款”的比例应该是大于5∶1，因为“提款”的伤害比“存款”的高兴更加深刻。一个国外研究机构认为夫妻间一个“提款”，可能需要五到二十个“存款”才能消除带来的伤害。可惜的是有些夫妻在日常生活中，尖酸刻薄的话有可能比温馨体贴的话更多，可以想象他们手里拿的已经不是“银行卡”，而是透支了的“信用卡”。

为了能够让我们婚姻“长治久安”，我们要在日常生活中加倍往“情感银行”里“存钱”，所以我们要制订一个日常“存款计划”。主要是三个内容，“还款”“定期存款”“死期存款”。“还款”，给自己设定一个月的时间，说一些有利于婚姻的话，做一些有利于婚姻的事，把我们所欠下的“信用卡”账户还上。“定期存款”是设定语言行为的时间表，“死期存款”是要养成的日常语言行为习惯。

存款计划	
“还款”	用一个月时间……（发现爱人的优点）
“定期存款”	每天发现对方做对的两件事情，进行夸奖
	发现对方喜欢听你说的话，每天至少说一次
	发现对方喜欢你做的事，一周至少做一次
	其他：
“死期存款”	出门接吻道别
	吃饭互相夹菜
	睡前接吻互道“晚安”
	其他：（可以是很多）

改变是为了更好

习惯决定命运，一个人的习惯会决定他的人生命运，婚姻双方的习惯自然也会决定婚姻的命运。改变生活习惯是为了能够在对方心目中树立良好的形象，让对方感觉到与我们结为夫妻是幸福的。

生活中有些习惯一旦形成，我们要改变它，其实很难。比如你喜欢说话，现在让你少说话，其实是挺难受的；你吃饭的时候喜欢跷二郎腿，现在不让你跷还真是有点别扭；吃饭的时候你喜欢吧嗒嘴，突然让你改掉这个习惯总是有点不太自然；你喜欢一项工作，如果有一天因为某种原因你不得不换工作，这时候你肯定很委屈，甚至不能接受。

为了婚姻，改变固有不良习惯却是必要的。养成不良的行为及语言习惯我们可能意识不到，但产生的负面影响却时刻存在。这不是危言耸听，导致婚姻破裂的原因也有这方面的因素。我们是不是经常听说这样的事情：老公有了外遇，老婆知道了，经过秘密跟踪，终于看到了自己的“情敌”，没看到还好，看到后气得吐血。自己无论如何也没有想到，老公外面找的这个女人没自己漂亮，没自己有气质，没自己身材好，简直土得要死。为什么老公会找这样一个人呢？然后把老公的家人聚集起来开家庭会议，会上大骂：“你说这个王八蛋，你说他找个好的也算一回事，找了一个那样的，没有一点比我好。”

为什么？为什么男人会找一个没有自己老婆好的女人？跟生活习惯有很大的关系。很多女人已经养成了这样的生活习惯：早上起床后进行精致的“装修”，把自己弄得面如桃花、楚楚动人，穿上漂亮的衣服，打扮得花枝招展地出门了。下班回到家后，连门都没关好就开始卸“装备”了，脱去漂亮的外套，高跟鞋一踢，一会儿工夫，眉毛没了，口红没了，头发散开了，再往身上套一件水桶一样的睡衣，从远处看真跟一个水桶没什么区别。晚上老公回来了按门铃，老婆开门的一瞬间，站在门外的老公看到一个“水桶”站在自己的面前。

很多老公基本上回来得很晚，也就是说，老婆同老公见面大多是晚上在家里的时候。我们上面描述的开门情形不知道持续了多长时间，一年、两年、三五年，时间有可能更长。每次开门老公都看到一个“水桶”，时间长了，在老公的脑海里，这个女人便成了“水桶”。当老公在外面跟朋友一起吃饭时，突然有人问道：“唉，你老婆长什么样？”你可以想象一下，在老公的脑海里会闪出一个什么样的你？没错，一个水桶。我相信没有几个男人会对“水桶”有感觉。而老公在外面见到的女人却不一样，那些外面的女人就如同我们早上出门时候那样的面如桃花、楚楚动人、花枝招展。

如果将“水桶”跟花枝招展来进行比较，当然是花枝招展更能吸引人一些。所以在老公的脑海里，自己的老婆是没有外面女人好的。也就是说，男人之所以会选择一个没有自己老婆好的女人做情人，是因为把老婆最差的一面跟外面女人最好的一面来进行比较的。回家不注意形象，是很多已婚女性的共同特点，这是不良的生活习惯。从婚姻的角度来说，应该在家里的时候打扮得花枝招展，在外面倒是关系不大。我讲课的时候，经常开玩笑地说，一个女人应该有21套睡衣，多颜色、多款式，保证让老公的脑海中出现的你总是花枝招展的。

这种习惯属于婚姻隐性病毒，一般情况我们不容易意识到，可以通过学习得知。我们可以通过改变习惯来改变婚姻的关系，尤其是自己已经意识到的坏习惯，就像我们婚姻体检章节中的《夫妻生活习惯表格 1》就是属于自己已经意识到的坏习惯。

针对这些坏习惯，我们这里采用两种 NLP 技巧。一种是快速改变模式，一种是常规模式。

快速改变模式（NLP 逐步抽离法）：

快速改变模式是一种对理想的未来状态，应用次感元，构成动力的心锚。快速改变模式是为了增加选择，而不是为了改变或取代旧有的习惯。

第一步：把《夫妻生活习惯表格 1》中你想改变的习惯或状态在脑海中想象成为一幅图像。

第二步：把你的理想状态想象成为另一幅图像。

第三步：把理想状态的次感元改变成最有动力（抽离状态）。

第四步：把开始想改变的习惯图像带回脑海中，然后走进图像里，跟画面完全结合。

第五步：跟着把另一个图像（理想状态）缩成一个细小的黑点，放在上图像的左下角。

第六步：现在把图像（理想状态）放大，遮盖图像（现实图像）（这个程序必须快速）。

第七步：重复第六步多次。

第八步：检验效果。

应用该方法时，要选择一个安静的空间，好让自己在不被打扰的环境中完成。操作时要注意：

1. 必须与现时状态的图像完全结合。

2. 理想状态必须是详细的感官描述。

3. 理想状态（一般来说，用动力较强的图像比较有效）。

4. 在每次操作的时候闭上眼睛，在每次操作之前睁开眼睛。

常规模式：被很多行为习惯训练师广泛运用的 NAC 调整技术，是基于 NLP 技术的原理设计而成的，用它来改变婚姻个体的生活习惯同样可以达到良好效果，六个步骤：

第一步：明确你想要的结果，该养成怎样的好习惯，以及什么原因阻止你达成想要的结果。

第二步：找出改变的着力点，也就是找出改变的意愿（改变后的快乐和不改变的痛苦）。

第三步：打断旧有的惯性，中止旧有的习惯（一瞬间下定改变决心）。

第四步：输入新的方法，找出行为的替代品（找到有利于结果的行为）。

第五步：加强神经链（潜意识无法分辨事情是真还是假，只要我们不断地想象、重复并且相信，它都会变成事实）。

第六步：测试一下效果（用新方法实验效果，如果好就坚持，不好就作出调整）。

练习一下，把《夫妻生活习惯表格 1》中的习惯，请按照以下步骤做一次改变自己习惯的操作练习。

1. 你想改变习惯。

什么原因阻止你改变习惯？____________________

明确地写出你要的有利于婚姻的好习惯____________________

是想要还是一定要？____________________

2. 找出改变的着力点，即找出改变的意愿。

加大自己的痛苦：

假如你不改变的话你会不会改善不良的婚姻关系？__________

假如你一直维持现状你能得到你要的幸福吗？__________

你愿意一辈子就这样孤独郁闷地生活吗？__________

你愿意看到爱人移情别恋吗？__________

增加你的快乐：

如果你改变了，你的婚姻信心会不会增强？________________

如果你改变了，可不可以实现你要的幸福婚姻？____________

如果你改变了，还会有哪些好处？________________________

如果你改变了，你的爱人有可能怎么回报你？______________

3. 打断旧有的惯性，中止旧有的习惯。

你做任何独特的事来打断自己的固有惯性都不为过，只要你想的是制止机械化了的习惯就行，当然你的出发点是为了改善婚姻关系，让自己感到幸福快乐。比如以前你总是喜欢翻看爱人的手机短信，对婚姻来说，这是个不太好的习惯，是只有坏处没有好处的习惯。为了制止这个习惯对婚姻产生不良影响，你可以在自己想看爱人手机的时候，就去洗澡，并对自己说“洗洗更健康”。

你为自己设计的这个独特的事情是什么呢？________________

4. 输入新的方法，找出行为的替代品。

改变了习惯之后，你会怎么做？__________________________

比如一个戒烟的人不抽烟后，会多吃水果或者瓜子。

5. 加强神经链。

请你想象新的习惯养成后的画面，找张漂亮的纸把它画下来：

建立正面心锚：当想象这个画面到最清晰最强烈的时候，也可以在身体的某个部位设定一个心锚，然后不断地强化这个心锚。（比如膝关节、大腿、脚踝等）

你选择身体的哪个部分设定心锚__________________________

你可以以敲打的方式或者是拍击或者是其他的方式来操作，以便强化这个心锚。

如果你做到了新的行为习惯，你准备如何奖励自己？________

6. 测试一下效果。

通过生活实践去测试一下新的习惯是否已经养成。比如听到一个女孩给你老公打电话的时候，你还会不会翻看他的来电显示。

请把测试结果写下来：________________________________

《夫妻生活习惯表格 2》是你爱人的不良习惯，用相同的方法，你也可以帮助你爱人来进行行为习惯调整。为对方调整习惯时，一定要了解到对方这个习惯形成的原因。比如女人喜欢翻看男人的短信，原因是这个女人对男人产生了怀疑。

抢救婚姻

婚姻出现问题就如同人体生病，有大有小，有急有缓，有轻有重。有些像胆结石，看似痛苦不堪，可治疗起来并不复杂；有些像脑出血，看似无声无息，却有致命的危险。

当然婚姻出现问题与人体疾病也有不同之处，最大的区别就是人体疾病如治疗无效，可能生命就将结束，而婚姻即使宣告结束，还可能峰回路转（复婚）。这个区别也造成了人们对婚姻问题的重视程度远不及身体疾患。而另一种现象又表明，在某些时候，婚姻又好像比生命还要重要，就像那些因为婚姻破裂而选择轻生的人。这也说明了“抢救”婚姻的重要性。

这里说的“抢救”婚姻适用于婚姻濒临破裂危险时的自我拯救，主要有四个要素：“争取时间”“求生本能”“重症监护”和“手术”。

“争取时间”：给问题婚姻一个缓冲期

在抢救生命时，争取时间无疑是能否抢救成功的重要因素。经常有些病人因为延误时间而失去最佳的抢救时间，我们也经常听手术后筋疲力尽的医生说“送来得比较及时，现在病人已经脱离危险期了。”对于婚姻“抢救”道理也是一样，我们把“争取时间”放在了第一位，抢救病人是要求时间越短越好，而“抢救”婚姻是把办理离婚手续的时间尽可能地往后拖延。

很多时候，人们拿到离婚证书时的一瞬间就后悔了，后悔自己当初太过草率的决定。在我遇到的案例中，离婚后悔的人还真是不少。贵州有一位女士，小孩刚刚周岁，一次因为看到老公跟自己要好的朋友暧昧，两人关在房间里大吵起来。女人说：“这日子没法过了，离婚！”男人毫不示弱：“离就离！”女人气得哆嗦：“好，明天咱们就去办离婚证。”男人说：“好，房子归你，孩子归你。”女人说：“好，就这么定了。”第二天，两人一早就去办了离婚手续，房子和孩子归女方，男人离婚后第三天就一个人去了深圳。三个月后，男人后悔了（其实在离婚的第二天就后悔了），他从深圳回到贵州，来找女人请求原谅。男人说：“老婆原谅我吧……”女人得理不饶人：“打住，我不是你老婆。”男人面有哀求状：“老婆，我错了……”女人怒吼道：“你给我打住，我现在不是你老婆！”男人继续说：“好老婆，我真的知道错了，原谅我好吗？”女人：“算了吧你，离婚的那天你不是挺牛的吗？”最后女方没有给男人任何机会，其实男方在深圳的三个月里，有另一个男人出现在了女人的生活里。后来听说，女人很快又结婚了，可惜不到两年又离婚了。

如果他们办理离婚手续不是那么突然，也许结果就不会是这样。给婚姻一点时间，不要让婚姻被情绪掌控，人在生气的时候所说的话、所作的决定可能都并非本意。甚至我希望政府相关部门，把离婚的程序和手续弄得烦琐一点，最好是弄个一年半载的才能办完离婚手续，这样可以给婚姻多留点时间，至少能够给那些因赌气而离婚的人们留下一个冷静的时间。

所以，不要把离婚总挂在嘴边，离婚真的不好玩儿。我倒是更佩服那些和平离婚的人们，如果实在是因为感情不睦、价值观有冲突，选择离婚也无伤大雅，他们的离开是解脱。

大多时候，我们离婚的决定是不冷静的，所以当我们有离婚念头出现的时候，一定要给自己一个缓冲时间，让能够有利于婚姻关系维系的第三方介入，比如说孩子、父母、兄弟姐妹、朋友，一定要确定他们是有利于让婚姻维系下去的人，如果是添油加醋的就算了，不是他们不安好心，只是如果起反面作用，还不如自己作决定算了。有利于婚姻维系下去的第三方介入，就可客观地为婚姻争取到更多的时间，婚姻虽然是两个人的事，但也不要忘记环境的影响。

“求生本能”：只有你们俩做夫妻才是最合适的

如果说“争取时间”是留下生命的外在恩赐，那“求生本能”便是成功抢救的内在力量。在争分夺秒的关键时刻，也许就是因为那一点强烈的活下来的欲望，便创造了奇迹。

在婚姻中维护婚姻的意愿是否强烈，同样影响着婚姻的命运。当然，靠意愿维护的婚姻可能会辛苦，尤其只是单方面有维护意愿，可能会更辛苦。其实原本生活就是这种味道，只是我们更多时候想得太过完美。维护婚姻意愿的出现，会让一个人懂得迁就。也就是说，当你有维护婚姻意愿的时候，遇到问题的时候，这个意愿自然会对你的行为产生影响。比如每年过春节，到底是回男方家过年还是回女方家过年的问题。如果双方都没有维护婚姻的意愿时，就不会顾及对方的感受，就事论事，便会产生争执。当然每个人一定说得都有道理，无论最后决定是到谁家过年，对婚姻来说是没有一点好处，甚至都会出现各回各家的局面。相反，如果两个人都有维护婚姻的意愿，那就会照顾对方的感受，出现良好的沟通，互相迁就，就会考虑到风俗习惯、轻重缓急等因素，无论结果如何对婚姻来说都不会有伤害。

在婚姻面临极度危险时，维护婚姻意愿的强烈程度，在这个时候也会起到不小的作用。“你别说了，无论如何，我都不会离婚。”这是一个被自己丈夫追着离婚的女孩对婚姻的坚持。

出生于1985年的湖北十堰女孩小张结婚4年了，丈夫在广州打工，夫妻长期两地分居。丈夫很幽默，很会讨女孩欢心，出于寂寞经常跟身边的女同事打情骂俏，原本只是打发无聊生活的方式，后来竟然对一个女孩动了感情，在他的猛烈进攻下，两人同居了。其实女孩从一开始就知道他是有家室的人，起初同他在一起时并没有破坏他家庭的想法，也只是打发一下自己的时间，还经常提醒男的要给老婆打电话，要多关心老婆，还会给男人讲“其实女人真正需要的是什么”“如何讨老婆欢心”。

本想等自己有了男朋友就分手，谁知随着时间的推移，这个女孩却产生了要独占这个男人的念头，于是她开始策划如何破坏他们夫妻之间的感情。这么敏感的事情，一点风吹草动就能激发女人的第六感觉，所以这个女孩一条匿名短信，就让男人的老婆知道了老公出轨。小张从湖北赶到广州证实此事，见到老公后，得到的答复就是“既然你都知道了，那咱们就离婚吧。”小张她只是说了一句“我不离婚”就回湖北了。接下来在广州这边女孩的催促下，男子前后三次专程回湖北老家想跟妻子离婚，可每次得到的答复都是“无论如何，我就是不离婚”。

广州这边的女孩急了，给小张打电话故意刺激她，发去跟她老公的不雅照，几乎用尽各种手段，得到的回复还是“无论如何，我就是不离婚”。在对小张无可奈何的情况下，这位第三者开始发疯地强迫男人作选择，最后无奈中竟然选择找情人来刺激男的，把男人折磨得真是痛苦万分。

一天，男人打电话约我见面（他是我妻子以前的同事），他说自己现在很痛苦，都没有心情工作了，从内心来讲，他真的很喜欢这个女孩，很想跟她结婚，但这个女孩的这些举动又让他觉得很后怕，万一真的跟她结婚了，婚后她指不定还会做出什么过激的行为。而老婆那边，他也不知道该怎么去面对，三番五次地提出离婚，自己都没脸回家了。问我该怎么办。我说："我不能帮你作决定，我听你描述后有一个感觉，你现在应该倾向于争取你老婆的原谅，跟广州这个女孩结婚是其次，因为在你的潜意识里，如果得到老婆的原谅，你以后的路是有保障的。而同这个女孩结婚，你的潜意识里是恐慌的，毕竟接下来的事不可预测。所以我的建议是，第一步先争取老婆的原谅。"

出乎我的意料，他竟然当着我的面给他老婆打电话，还开了免提。电话接通后，还没等他开口，就听到电话那边很平静地说："你别说了，无论如何，我都不会离婚。"也许是打电话的出发点不一样，或者说是扮演的角色的转换，当时听到这句曾经令他咬牙切齿的话时，他流泪了，他有点哽咽。那边又传过来他老婆的声音，明显变得焦急："你怎么了，遇到什么事了，是不是生病了？生病就要到医院看病。"他再也忍不住了，泪流满面地哭着："老婆，我对不起你，你原谅我好吗？我们像从前一样，好好过日子好吗？"电话对面顿时安静了，大概10秒钟后，听到电话那边"哇"的一声大哭（感觉那是一种被压抑已久的释放，连我的心都被揪痛了），哭喊着："你知不知道，我都快坚持不住了，如果不想跟你过下去，我们早就离啦。"

"你别说了，无论如何，我都不会离婚。"多么美妙的一句话，那种内涵的强大力量，打破了第三者的居心叵测，挽回了悬崖边上的婚姻。这就是强烈的维护婚姻意愿，有了这种意愿，就相当于告诉世界上所有的人，只有你们俩做夫妻才是最合适的。

"重症监护"：打一场有准备的婚姻"抢救"战

重症监护是抢救时的必要环节，用来监测病人的生命体征，对医生的抢救策略有着指导作用。生命体征主要有心率、脉搏、血压、呼吸、瞳孔及角膜反射的改变等。当婚姻危机出现需要"抢救"时，也不能离开"重症监护"。婚姻"抢救"中需要"重症监护"的"生命体征"主要有四个，占有欲、接受现实、同居、沟通。

1. 是否有占有欲

占有欲的"监测"结果在婚姻"抢救"中是最为重要的指标。

我们生活在社会中，和很多人发生着关系，也相互影响。在各种关系中，相互影响的程度与影响时间是有区别的。有些关系相互影响很浅，有些关系却影响很深；有些关系影响时间很长，有些却时间很短。比如说师生关系与父母关系，父母的影响时间远远长于师生关系。在众多关系中最为亲密的关系，是什么关系？就是夫妻关系，这种关系甚至超越了父母关系。众所周知，鉴定是否是亲密关系的重要指标，便是是否有占有欲。虽说跟父母的关系为至亲，但有时我们允许父母也是其他人的父母，比如我们的兄弟姐妹。朋友关系，朋友很难得，我们有一个好朋友，但不拒绝他（她）也成为别人的朋友。而有种关系是不允许与他人分享的，婚姻就属于这种关系，所以夫妻关系中经常会出现吃醋、怀疑等，这都是占有欲的作用。

如果婚姻中的一方对另一方的占有欲消失了，就如同人的心停止跳动一般，"抢救"就变得非常困难了。占有欲的"监测"对婚姻"抢救"有着重要的指导意义。"监测"也就是人为导演的一场戏，看对方是否吃醋，从而判断占有欲的强弱。

2. 是否接受现实

无论发生什么事情，只要还想挽留婚姻，就必须接受现实。

那些本来活蹦乱跳的人，得知自己被检查出来患有癌症，马上就卧床不起了，不能接受现实，使疾病急剧恶化。婚姻中最严重的毒瘤莫过于婚外情。一旦发现，婚姻就像得了肿瘤，从情理说，的确很难接受。遇到一方出轨，建议另一方问自己这样几个问题：出现现在的状况，跟我有关系吗？假设选择离婚，我打算一个人生活还是再婚？如果选择一个人生活，我该如何规划今后的生活？我能承受一个人的孤独吗？如果选择再婚，我打算跟谁结婚？能找到比现在这个优秀的吗？能保证他（她）不会有婚外情吗？如果对方能够悔改，我是否可以考虑不离婚？如果可以，是否愿意接受现实？

接受现实不代表默默承受，相反接受现实是最强有力的进攻，因为那个第三者最希望看到的也许就是你选择离婚，然后他（她）就可以名正言顺地占领你现在所拥有的一切。

接受现实，人们才会理性地思考，才可以作出不带有情绪的决定，所以在“重症监护”中我们把它作为婚姻的“生命体征”。

3. 是否分居

同居是鉴别婚姻关系与其他关系的一个重要指标，我认为婚姻就是一种组织形式，目的是让同居变得名正言顺，人类文明的发展对人的言行有了很多道德上的约束，婚姻的职能是文明社会让人类本能的性需求有其居所。如果夫妻分居，那便违背了婚姻最基本的职能，婚姻也只是形同虚设了。在婚姻越是危机的时候，越要体现这种职能。

分居只会加速把婚姻推向破裂。当然这很难，对一个铁了心准备离婚的人来说，一定会拒绝发生性行为，所以当对方抱着被子跟我们说“你早点休息，我睡沙发”的时候，我们绝对不能学电视剧上面只知道抹眼泪、发脾气的人。这个时候，其实婚姻的走向就简单到看我们能否把他（她）拉上床了。

4. 是否沟通

当婚姻出现危机，沟通显得更加重要。不沟通绝对不是明智的选择，实际上现实生活中就是有很多的人，越是在危机的时候，越是不沟通，他们要么就说“难沟通”，要么就说“懒得沟通”。再难，难得过离婚后的失落痛楚吗？再懒，离婚后还不是要更加勤快地寻找另一半吗？

首先，不要让沟通中断。这个时期，两个人的心渐行渐远，形同陌路，身虽近，心已远。相当于两个人在异地，他们之间需要通信，如果中断通信就不知对方在做什么，想什么。遥远的心与心之间缺少了沟通，同样会让对方变得更加陌生，更加的深不可测。

其次，寻找根源。这个阶段的沟通与婚姻保健时期的沟通有所不同，这个时期的沟通目的，主要是寻找表面问题的深处根源，因为一段婚姻走向边缘一定有其原因，只有沟通才能找到根源，才有机会解决。

最后，用感情色彩装饰沟通并懂得适可而止。两个人在一起那么久，总会找出很多让人动之以情的点，加以感情色彩的装饰，见好就收。已经弄到要离婚了，问题肯定是有很深的积累，想一次沟通就达到目的根本不现实，所以见好就收，多次积累，找回以往流失的小幸福。

以个人辅导、接触案例经验，在婚姻“抢救”中，只要不断监测这四个“生命体征”，哪个偏离了正常，就要进行相应的纠正，对婚姻“抢救”一定会有积极的作用。判断出是否有占有欲，可得知婚姻“抢救”的难易；做到接受现实，便可冷静地面对；努力做到不分居，便有“床尾和”的可能；建立寻找深层原因的沟通模式，加以感性的装饰，多次积累，可让彼此思想空间积累正面情感。

“手术”：不得已而为之

所为手术，本质就是排除致死原因。在婚姻危机时刻，导致离婚一定也有原因，而且往往最为直接的原因只有一个。想方设法排除这个原因便是最好的手术。

假设因为婚外情，出轨的一方选择离婚的情况。其中的重要原因只有一个，就是想跟外面的情人在一起，而选择离婚的方式。如果能够破坏这种原因，当这种原因不存在时，离婚将没有病因。假设，这个情敌有了新欢，并且态度坚决，那么出轨的一方就失去了离婚的理由。

A 和 B 是夫妻，B 在外面遇到了 C，一段时间后，B 要求和 A 离婚，原因是 B 想跟 C 在一起生活。当 C 遇到了 D，并且 C 希望同 D 结婚而放弃了 B，那么 B 就失去了跟 A 离婚的理由。D 可以是自然出现，当然也可以由 A 来安排。

人生病做手术就是这样，做好了就没事了，做不好就没办法了。婚姻的“手术”也是同样道理，找到离婚原因后，如果能够去除原因即可保住婚姻，如果找不到原因或者没有办法去除原因，也只能等待重生了。

其实到了手术的时候，无论如何做，伤害都是在所难免的。为什么不能在没有“生病”的时候预防呢？在健康的时候，人们可以通过提高自己的抵抗力来预防疾病；在婚姻健康时，希望能够固定一个月或者是两个月就阅读一次下一章节，可以提高婚姻的“免疫系统”，而让我们不至于发展到要“手术”的地步。

第八章
建立婚姻免疫系统:“十二前提假设”在婚姻情感中的使用

人体的免疫系统是人体抵御病原菌侵犯最重要的保卫系统，提高人的免疫能力对健康来说远比治疗更有意义。对于婚姻来说建立“免疫系统”同样重要，因为婚姻也会受到“病毒”的侵袭，社会发展越快，“病毒”越猖獗，种类越繁多，而且越来越顽固。婚姻免疫系统是NLP(神经语言学)中的“十二前提假设”的使用。“十二前提假设”是NLP概念及技巧的基础，我们在思考或者应对事情的时候，可以假定人、事、物的关系就是这些“前提假设”中所说的一样，然后凭这些假定去设计自己的思考方向和应对措施。在任何情况下都可以使用，当然在处理婚姻关系时也不例外，在婚姻情感里使用这个方式，你会发现思考和行为的效果更好。如果可以反复地运用，我们便不容易陷入困惑。

前提假设一：世界上没有两个人是一样的

婚姻中的两个人有不一样的信念系统

没有两个人的人生经历完全一样，所以没有两个人的信念、价值观和规条系统会是一样的。在上文我们提到，信念系统是由人接收的外界信号经过过滤而产生的，即便是双胞胎，他们的信念系统也会有很大的不同，毕竟他们看到的、听到的、感觉到的东西都不尽相同，就算是睡在同一张床上，他们也会因为位置的不同而看到不同的事物，就算是读书的时候是同一个班级，前后左右的同学也是有所区别的。双胞胎的信念系统都有很大的区别的，更不要说婚姻中的两个人，不同的成长环境、不同的工作环境，信念系统怎么会相同。婚姻是两个拥有不同的信念系统的人走在了一起。

婚姻中的两个人有不同的看法

没有两个人对同一件事的看法能够绝对一致。信念系统不相同，我们又怎么要求对方跟我们看法想法是一致的呢？婚姻双方不一致的看法，不一致的生活方式是再正常不过了，如果一致那倒是有点不太正常。婚姻生活中出现对一件事情有不同观点的时候可以说是经常的事，如果我们深刻记住“对同一件事夫妻看法不一致是再正常不过了”，那我们就可以理解对方，因为对方也没有错，只是他（她）认为是那样的，而我认为是这样的，对双方的个体来说，都是对的。

婚姻中的两个人有不同的反应

没有两个人对同一件事的反应会是一样的。一件同样的事情发生在由两个人组成的婚姻中，夫妻双方的反应是不同的。比如小孩在玩耍时不小心摔倒了，很可能一方会坐视不管，而另一方则会一惊一乍。在生活中我们经常听到这样的声音："你这个人怎么这样呢，这么大的事你还说没事，真不知道在你的眼里什么才是大事。"

婚姻中的两个人有着不同的心态和行为模式

没有两个人的心态和行为模式会完全一样。在同一时间里，每个人心理状态都是不同的，婚姻中的两个人也不例外。如果我们用极端的例子来说明，"同床异梦"再恰当不过了，平静背后的个人心理活动也只有自己才能感觉到，不要奢望对方能猜到你在想什么。"他应该知道我不开心，应该来安慰我才对的"，他真的不知道你在想什么，所以不要为了他（她）不一定知道你的心事而生他（她）的气。人的行为模式同样有所区别，两个人在做同样一件事的时候，所表现出来的行为是不同的，也许你爱他就是劝说他不要抽烟了，而他爱你就是在你睡着的时候帮你盖好了被子。

联想不可靠

发生在一个人身上的事，不能假定发生在另一个人身上也会有一样的结果。如果我们足够认真，想必一定有所联想。还记得看电视剧的时候吗？看到一个男主角因为跟自己爱人拥有了相似的前半段经历，往往我们会把后半段变坏的男主角跟我们的爱人联系在一起。轻者说"看看你们男人"，重者直接说"当你到了这样的时候，我就如何如何"。我一度为这样的状况而懊恼，为什么女人看到电视里的坏男人一下就会套用到自己的老公身上，而看到了好男人为何就不会联系到老公？

不可随便比较

一个人会做的事，另一个人不一定会做。不要用自己的爱人跟别的异性作比较，他（她）就是他（她），不是别人，别人会浪漫他不一定会，别人会撒娇她也不一定会。

不同才奇妙

人与人之间的不同，造成了这个世界的奇妙。正是夫妻双方有不同，才营造出了家。我们大多时候都听过夫妻是要互补的，一个内向一点，一个就外向一点。一个软弱一点，一个就会强势一点。所以不要也不能要求对方跟自己一样，如果真的一样了，还真不一定是好事。不要要求对方按着自己的意愿去做，那样我们将会陷入泥潭而无法自拔。

尊重是相互的

尊重别人的不同之处，别人才会尊重自己独特的地方。我们老是抱怨对方不理解自己，而我们又何尝去理解过我们的爱人。很多女人都会说“女人很辛苦，要生小孩、带小孩、做家务，还要工作，工作压力一点都不比男人小，而这样的付出，老公却好像不怎么能感知得到，因为感受不到他们的关心。”其实没有几个男人是不关心自己老婆的。之所以女人们不觉得男人关心自己，大多是因为她们根本就不关心男人。好像这样说，也许女人们感觉到很委屈，我那么知冷热，怎么会不关心他呢？那我们可以想一想，自己真的关心他吗？你知道他最关注的问题是什么吗？也许根本不是冷了你给他拿一件衣服，或许也不是喝醉酒时的一杯茶水。没感觉到他有很多不愿意跟你沟通的事情吗？那些或许才是他关注的你应该关心的事。

时刻都在变

每个人的信念、价值观和规条系统都是在不断演变中，所以没有一个人在两秒钟是一样的。在婚姻中的我们每个个体都有着不同的信念系统，而这些信念系统不是静止不变的，而是不断变化的。这一点可能对我们来说很重要，尤其是你感觉婚姻如履薄冰时，这个观点告诉我们一个很重要的道理，千万不能选择放弃，因为下一秒钟的爱人也许就没有以前我们想象中的那么糟糕。当然处在幸福中的夫妻们，同样也不要太过于安逸，不要忘记“情感账户”要不断“存钱”，因为下一秒钟的爱人也许就会糟糕。

良好的婚姻关系，不一定非要是知己

两个人之间无须信念、价值观和规条一样，都能够有良好沟通或者良好关系。很多时候我们希望自己人生当中有个知己，红颜知己或者蓝颜知己，我们多么希望这样的知己能够是爱人，因为我们潜意识中，自己跟知己可以稳定良好的关系及沟通。而事实上，几乎这样的希望都会破灭的。如果用知己跟爱人来进行比较，谁更了解自己呢？我想应该还是爱人了解我们会更多一些，一个比知己都了解自己的人，我们都还没有良好的沟通及良好的关系，也就难怪我们没有知己出现了。夫妻间良好的关系及良好的沟通，不是取决于彼此了解对方有多深，而是取决于沟通模式。针对沟通来说，我以为夫妻间的沟通模式分两个层次：一个是浅表沟通，一个是深层次沟通。两者之间最大的差别在于结果不同，浅表沟通结果就是轻描淡写，而深层次沟通却是刻骨铭心。令人遗憾的是大多数夫妻的沟通都是浅表沟通而非深层次沟通。深层次沟通需要了解对方深层次的价值观，并且可以站在对方的角度上看问题。

夫妻良好的沟通，需要给对方留有余地

给别人空间也就是尊重别人的信念、价值观和规条，这样才能有良好的沟通。很多人都认为夫妻间不应该有秘密，其实这样给很多婚姻个体加了一个“紧箍咒”，如果都认为应该没有秘密倒也无妨，而有些人是不情愿的，每个人内心深处都有不愿意让人知道的秘密，包括我们的爱人也不例外。在行为心理学观点里面提到，每个人都有自己允许别人靠近的空间范围，跟亲密的程度有关系，越亲密允许靠近他的距离范围越小，反之会越大，如果进入了不允许范围，人便会不自在，会有防御或掩饰机制出现。人的心理也是同样道理，也会有一个允许范围，总有那么一个“小圈”的范围是给自己留着的，不愿意让任何人触及，哪怕是他（她）最亲的人。如果我们采用手段硬是闯入了，虽然他（她）也许不会反击我们，但他（她）总是会不自在，没错，我们占领了他（她）的全部，连同也许寄托了他（她）灵魂的那个“小圈”。

前提假设二：一个人不能改变另外一个人

不要试图改变你的爱人

一个人不能改变另外一个人，一个人只能改变他自己。改变爱人身上的缺点是很多人特别想做的一件事，有些人做得乐此不疲，有些人甚至把它设定成了人生重大的目标而付诸一生的努力，可惜的是结果往往不尽如人意，甚至身心疲惫，最终还是以失败告终。把改变爱人作为追求幸福婚姻的人，结果一定会让自己大失所望，因为追求的方向是错误的，方向错了，付出得再多也不会得到真正的幸福，方向错了，走得越快，越努力，离自己想要的结果便会越遥远。不要试图去改变我们的爱人，如果真的要改变，也只能是改变自己而后影响他人。

不要用自己的一套强迫对方

每个人的信念、价值观、规条系统只对本人有效，不应强迫别人接受。我们所认为的世界的一切，都是我们自己的事情，也许你会说，“我所做的一切都是为了家”，但那也只能说你的出发点没有错，但你认为的正确的观点真的一定就是对的吗？也许是也许不是。让自己按着自己设计的轨道走，不要试图把只是有多个交叉点的两条曲线合并成一条，无限长的两条线，从人生的半途才交叉在了一起，如何可以合并成一条，不要做完美主义的幻想者。我们应该做的是，尽量让不规则的曲线多一些交叉的点，然后在交叉的点上注入情感，不要放过任何一个增进情感的交叉点，那样我们应该就算是幸福的了。婚姻的轨迹不应该也不可能是两条合并的完美无瑕的直线，应该是有很多交叉点，螺旋式地上升，构成了如同DNA结构的精密立体图。

自己变了，对方才会改变

改变自己，别人才会有可能改变。俗话说："不是一家人，不进一家门"，婚姻组合中的两个个体，多少都有些共同的气质，我们可以称之为"家庭气质"，当我们数落对方缺点的时候，也许我们也有同样的缺点。比如当一个老婆说老公是一个不上进的男人的时候，是否曾想过自己也是一个不上进的女人？即便是有些缺点是属于个人的，我们也没有办法去改变，我们唯一能够做的就是，改变自己。而神奇的是，往往自己做出改变的时候，对方随之也改变了。

关注对方所关注，对方就会关注你所关注的

找出对方的价值观，创造、增大或转移对方在乎的价值，对方便会产生有利于自己的行为。"我很了解他（她）"，每当听到夫妻一方说这句话的时候，我就在想：真的了解吗？如果是了解，那为什么没有应对措施呢？是能力不够，还是懒得搭理，或者反过来看还是不了解？我认为大多还是不了解多一些。如果我们真的能够深入了解对方所在乎价值观，认可并增大它，随之而来的一定是自己想要的回应，而且是源源不断。

从管教到引导

夫妻间发现对方身上的缺点，并且希望能够改善时，或者是希望对方能够有提升的空间时，很多时候我们采取的方式是管教，如同管教我们的孩子一样。管教用在孩子身上会出现叛逆，用在大人身上同样会出现叛逆的结果。比较好的方式应该是引导。管教和引导有什么区别呢？主要的区别在于：管教更偏重于指出对方缺点，而引导更偏重于给方法；管教一般是出于自己的喜好，而引导大多出于客观原则；管教一般夹带负面情绪，而引导更讲究策略。比如说，老公抽烟这件事情。妻子要是管教丈夫抽烟，一般都是自己不喜欢抽烟的人或者认为抽烟对孩子、自己以及丈夫的健康没有好处，从而说一些制止责备的话“别抽烟了，真臭”“不要抽烟了，对身体不好”等，给对方的感觉就是抽烟不好，对方却不知道如何才能不抽烟。而妻子如果是引导丈夫不抽烟，一般都是更注重让丈夫能够有效戒烟的方法，除了让丈夫知道抽烟不好，更鼓励丈夫学习一些戒烟的技巧，增强戒烟的毅力。

不要对爱人放弃原有价值观去接受我们的那一套抱有太多的希望

希望越大失望就越大，当我们希望一种结果出现时，我们已经幻想过结果出现的美好，当那些美好与现实相差太远的时候，消极、痛苦就会出现，那个时候其实已经不是对方有没有接受我们的那一套这个客观的问题本身了，而是失望所带给我们的痛苦、失落的情绪，它们左右着我们的语言、行为、思维、选择。如果我们从一开始就对爱人放弃自我，接受我们那一套不抱有希望，结果却只有两种可能：一是他没有放弃自己的意见接受你的那一套，这很正常，因为你没抱有希望。二是他放弃了自己的意见接受了你的那一套，这让你高兴，因为超出了你所希望的。

没有权利要求如你所愿

在与对方互动过程中，好的动机不能成为你控制对方的理由，也没有权利要求事情如你所愿。“我这样做都是为了你，为了这个家，你要如何如何”，很多男人都这么说，没有人会怀疑你不是为了对方，也没有人怀疑你不是为了这个家，动机是好的，但不能因为拥有好的动机就要规定对方如何做。女人也是同样的道理，所做的一切付出都是为了家，但一定要清楚，你并没有权利要求每件事情如你所愿，没有权利要求你付出了多少就要得到多少回报。

你强迫对方产生抗拒的行为

对方的抗拒，来源于你的强迫。很多时候，在不幸福的婚姻关系当中，很多人不仅不能感觉到彼此有良好的沟通，更多的是彼此的抗拒。甚至有时候我们知道对方也是认同我们的，但还是要跟自己拧着来，用没有一点道理的语言行为来抗拒我们。我们也不知多少次曾为这样的情形痛苦、困惑，有时也会泪流满面，觉得很委屈，很郁闷，也许早就有些人因为受不了这种抵抗关系而选择了破罐子破摔，甚至是放弃沟通。而对方所有对我们的抗拒都来源于我们自己对对方的强迫。女人的流泪很多时候就是温柔的强迫，女人的无理取闹就是强迫，男人的“保持沉默”就是强迫等。放弃强迫他（她）吧，你会发现没有强迫就没有抵抗，这是一个普通的因果关系，就如同“没有买卖，就没有杀害”一样。

让自己推动婚姻的健康发展

婚姻是否健康地发展不要指望对方能够改变什么来推动，“我会给你一辈子的幸福”，不要沉迷于男人这样的承诺中不能自拔，这样的承诺只能算是调节情调时的口无遮拦。当然我们不能排除男人们为了自己的承诺奋发图强，但这也需要女人不断地良好推动，在他奋发图强的道路上增加“催化剂”。积极主动地推动婚姻的幸福，不要被动等待幸福的到来才会得到长久的幸福。“男人说话会算数，母猪也能爬上树”，多少时候是我们跷着二郎腿在那里等着所谓的“算数”，如同你坐在那里等着看母猪上树一样的道理，请问在母猪上树的过程中你做了什么？你不能把母猪变成猪八戒，你也应该给它弄点兴奋剂增强它上树的信心，也好让它搏一把。

前提假设三：有效果比有道理更重要

关注对幸福有用的行为效果而不是关注谁是对的谁是错的

在夫妻互动过程中，强调什么是对的，什么是错的或者谁说得更有道理，不顾及是否对婚姻本身有用，岂不是自欺欺人？回顾一下我们生活当中的细节，你会发现很多时候我们会关注你说得对还是我说得对，是你做得对还是我做得对。比如说夫妻吵嘴后，来劝架的人大多会听到这样的语言"你给我们评评理"。对，就算是对的，说得对做得对，那又能怎么样呢？对婚姻健康发展有益处吗？不得而知，可能有，也可能没有。所以关注幸福才会得到幸福，关注对的只能"证明"你没有错。

婚姻中需要把握"你好、我好、大家好"的原则比争论什么是对更有意义

在婚姻关系中除了夫妻两人，还有两个家庭的成员。在复杂的关系中，把握一个核心原则，对自己处理情感、指导行为有着重要的意义。这个原则就是"你好、我好、大家好"的原则。只有把握这样的原则，幸福才是长久的。定性人们的行为有"损人利己""损己利人""损人不利己""三赢"。

"损人利己"不管是在家庭总体，还是夫妻之间，这种行为往往会造成失去信任，没有人是傻子，不可能老是被伤害而没有任何反应。

"损己利人"，你可不要以为这么傻的人不多，这种行为还真不少。当我们遇到一些事情，本来不想答应，但因为面子，或者是怕伤害别人，或者是不好意思，或者是出于某种原因，最后选择了委曲求全，这便是“损己利人”行为。“损己利人”很容易产生情绪并且会让关系更加不和谐，自己本想为了和谐而选择委曲求全，没想到造成了他人的得寸进尺，同时自己也是牢骚满腹，对大家都没有好处。比如老公在一次情绪激动时对你动了手，后来在向你道歉的时候表达出了无比的虔诚，以至于让你不好意思表达自己的要求（本来你想提出要求他不能跟你乱发脾气的条件），事情就这么结束了，此后你却发现老公和以前一样肆无忌惮，于是乎，你很郁闷，后悔当时没有跟他提出要求。其实表达自己的要求，往往对实现“双赢”或者是“三赢”更有促进作用。

“损人不利己”在家庭关系中出现也不少，比如说，因为嫉妒别人比自己好而做一些对别人有损而对自己没有一利的事情，在婚后的姐妹、兄弟之间并不少见，而这种行为导致的结果最终会失去家庭的支持，一旦自己婚姻出现危机的时候，亲人们很难用心支持他。

“你好、我好、大家都好”才是婚姻家庭中最为可取的行为模式，把握这个原则，和谐幸福的婚姻家庭关系会随之而来。

说道理往往是把焦点放在过去的事上；注重婚姻结果则会把注意力放在将来

现在我们可以回顾一段我们在与爱人争论谁对谁错，或者是温和地各自讲谁更有道理的情节。想想，我们所讨论的是什么？是不是在讨论已经发生过的事情？大多是。而如果我们把思想集中在幸福婚姻的结果时，我们往往更容易把注意力放在未来，未来我们该怎么做，而不是以前那件事谁做的是对的。把焦点放在过去的讨论上意义已经不大，未来如何做才能让婚姻更加幸福才重要。

注重婚姻幸福结果是夫妻制订改善计划的基础，也是所有改善婚姻关系的行动灯塔

如果你把注重婚姻幸福结果看作是目标也无可厚非，而在这个目标中的关键词是“幸福”，随后制订一切可能让我们更加幸福的计划，并付诸行动，在行动的过程中，它就像一座灯塔，可以指引我们的方向，不至于迷失。

婚姻中谁说谁有理

如果说“讲道理”，没有两个人是一样的。因为每个人的信念系统都是独有的，所以每个人讲的道理都各有不同，我们不能说谁更对，在自己的信念系统下的陈述，自己总是对的。强调道理就会陷入公说公有理婆说婆有理的无休止争论。

你的坚持，只是自己的坚持

坚持自己的道理，只是坚持一套不能放在对方身上的信念系统。坚持自己所谓的道理，实际上是在坚守自己的价值观系统，因为在互动的过程中，自己的价值观受到了怀疑，甚至被否定，为了捍卫自己内心的价值观系统选择了讲道理，希望对方能够接受并顺从自己的价值观系统。而我们已经多次强调，自己的价值观系统只适用自己，不能强加于对方，因为你的就是你的，放在对方的身上用不了。如果你还是希望那样做，只能代表你想用你的大脑来支配对方的四肢运动。

幸福基于夫妻理性和感性的共鸣

幸福婚姻需要感性的推动，同时需要理性的认同，如果要婚姻幸福，两者缺一不可，有相当的婚姻只有理性的认同，却少了感性的推动。那些多年同房分床的夫妻为什么不离婚呢？就是因为有理性上的认同，因为各种因素让他们理性上认为不离婚是最好的选择，他们不幸福，因为没有感性情感的推动。而有些只有感性的推动，却抛开了理性的认同。“我也知道他不好，我也知道他不可能给我幸福，但我就是像着迷一样离不开他”，这便是只有感性的推动没有理性的认同，同样难以幸福。

没有能够对婚姻幸福有用的道理，违背了夫妻共同价值观系统

没人希望自己不幸福，没人希望自己的婚姻关系不和谐。这是夫妻统一的信念，而我们的行为却时常与之背道而驰。在东莞遇到一位女士，因为心理关系已经有六年没有与丈夫同床了，也许你会说“那她丈夫怎么能够忍受得了？”是的，忍受不了，在分居第四年的时候，丈夫在外面有了外遇。在一次咨询中，女士在给我讲述丈夫的行为时，明显带有激动并愤怒的情绪，她说丈夫背叛了她，这位女士还引用《圣经》上面的观点，说丈夫不能背叛妻子，在任何情况下都不可以。事实上，丈夫是背叛了妻子，同时也可以肯定地说丈夫是错了，妻子所说的也很有道理，可又能怎样呢？这样的道理对婚姻有帮助吗？没有，针对这对夫妻，对婚姻幸福有效用的不是这些所谓的背叛道理，而是人最基本的生理需求。

对幸福有效果本身就是一种道理

其实，能够对婚姻幸福有效用的方法或者是行为，本身也是有道理的，既然对婚姻幸福有没有效用都是有道理的，那我们为什么不选择对婚姻有效用的道理呢？毕竟我们的目的是幸福。您说是吗？

有道理一定快乐吗？

只追求有道理但无效果的人生，难以有成功和快乐的体验。如果你觉得自己很幸福，恭喜你。如果你觉得自己不快乐，不幸福，你有没有过反思，自己的行为是否太过苛求所谓的道理而忘记了它是否对幸福有效果。

前提假设四：只有由感官经验塑造出来的世界，没有绝对的真实世界

你了解他（她）吗？

在婚姻中，我们都是用感觉器官来收集资料，输入大脑，我们不能把所有的资料都摄入。感觉器官在收集资料时，往往是有选择性的，这种选择是主观的选择。比如，下班回家，在家里有很多事情发生，这些事情对你的视觉、听觉、嗅觉等都有信号刺激作用，你所能收集到大脑里的资料是有主观选择性的，而不是全部。从婚姻的角度来说，爱人的行为有很多，能够进入你大脑里的只是你自己主观收集的一部分。所以我们不可以说，我了解他（她）。

他（她）是怎样的人？

我们所收集的资料在主观的信念系统过滤成主观的评价。在婚姻中，我们在自己的内心对爱人都会有一个评价，实际这个评价并不客观，只是我们收集资料后的主观评价。也就是说，不一定是正确的，所以我们尽量不要说“他（她）就是这样一个人”（尤其是负面评价不利于幸福婚姻结果）。

对婚姻关系的认知都是由一点点的收集资料所构成

我们的大脑给我们收集了我们想收集的资料，其中有好的也有坏的，而且不太好的资料反而更容易被我们收集，就这样构成了我们对婚姻关系的认知。收集好与坏的资料比例决定了我们对婚姻的态度，从而决定着我们能否幸福。就像我们前面章节里所说的一个现象，结婚前我们大多收集进来的对方的资料都是积极的、正面

的，而婚后大多收集进大脑的都是消极的、负面的，所以就感觉恋爱时候甜蜜，结婚以后郁闷了。

婚姻生活里没有绝对的真实，只有主观的真实，或者是相对的真实

“你骗我”这样的话经常在我们的耳边回响。说这句话的前提是他（她）相信了自己所谓的真实。

我们是凭借大脑形成的主观意识去处理婚姻中的每一件事的。在婚姻中我们时时刻刻都需要处理事情，大事小情，无论你愿不愿意，事情都在发生，即使有些你不愿意主动处理，也得被动决策。自己大脑里的主观意识就是我们处理这些事务的标准。

改变从大脑开始

如果要改变一个人，可以从改变他大脑里的意识开始。在婚姻关系中，如果你真想改变一个人，那就改变他（她）的大脑里的意识吧。如何改变他（她）大脑里的意识呢？还记得每个人的大脑里的意识是怎么形成的吗？没错，感官器官接收的信号。那我们可以通过装饰来把自己变得更加优秀，尽量使对方看到的我们是最优秀的一面，听到我们是最优秀的一面，用简单的话说，我们可以把自己好的方面多加展示，有意识地避讳不好的一面进入对方的感官，防止其成为对方大脑中对我们不良认识的信号来源。比如说很多女人结婚后，认为要对老公毫无保留，不顾及自己的言行举止，甚至上卫生间连门都不关，这样肆无忌惮，会给老公留下什么样形象，会如何影响他对你的看法？难道结了婚就不要朦胧了，还是你已经忘记了朦胧美。要想改变一个人，不是去强制地说什么更有道理，应该做的是改变对方脑袋里的你自己，那个自己变了，对方就变了。

夫妻双方各自活在自己塑造出来的主观婚姻世界里

我们都是用自制的地图在这个婚姻世界里生活，如果自制的地图是对的，那结局就是幸福的，即便是走了弯路或者是到达的时间长一点，最终也会是喜剧。而自制的地图一旦本身就是错误的，那结局肯定就是悲剧。如同你要找北京的天安门，手里拿的却是广州的地图，无论你走得有多快，无论你多辛苦，一定找不到，因为这个地图里根本没有天安门。很多人一开始就给自己画了一张婚姻悲剧的地图，拿着这张地图找幸福，付出了那么多，经历了很多辛酸，最后还是以悲剧收场。

婚姻也要靠思维

改变主观思维模式结构，就可以改变事物对我们的影响和我们对事物的感受。在婚姻治疗章节中，我们谈到改善情绪时曾提到过，我们很难控制刺激信号的发生和出现，但是我们可以控制刺激后的感受以及刺激对我们产生的影响，能够做到这些，就是需要我们改变主观思维模式结构。

我们无须改变对方，只需改变我们自己脑里的对方，我们的婚姻关系便有所改变

很多时候，我们感觉自己很可怜，实际上是我们自己认为很可怜，也许在别人眼里我们是那么的富有；很多时候，我们也会感觉到自己不是很幸福，也许在别人眼里我们是“身在福中不知福”。试着去改变我们脑海里的那个他（她），这里的他（她）变好了，婚姻关系自然就好了，也许不是他（她）真的不好，只是在我们脑海里不够好而已。不要疏忽，也许正是在我们脑海里那个不够好的他（她），早就是他人垂涎三尺的对象了，不要把“宝贝”当“垃圾”抛掉，当别人捡起来的时候才发现原来是一块宝，那时也许这个“宝贝”的主人已经不是你了。

婚姻本身不会让我们痛苦，痛苦的来源是我们对婚姻的反应

很多身在婚姻围城里的人，可以用苦不堪言来形容。在我与众多女士交流过程中，经常有些女士会失声痛哭，我能感受到她们的痛苦，也会理解她们的压抑，但我并不十分同情。原因有二：其一，失声痛哭，表示毫无办法，可以说是没有能力处理婚姻关系，没有能力没关系，但既然都压抑成这个样子，为什么不学习方法？其二，失声痛哭，出发点不是为了婚姻健康而流泪，而是把矛头指向丈夫，认为自己的不幸是丈夫所为，根本没有反省自己的态度。如此一来，失声痛哭，充其量也只能是告诉人家，你很不幸，同时也在强调这样的结局自己是没有责任的。

前提假设五：沟通的意义决定于对方的回应

夫妻之间的沟通没有对与错，只有有效或者无效之分

几乎所有的夫妻都认同一个观点，在婚姻中遇到问题时，沟通是良好的解决方案。如何沟通？沟通什么？首先，我们要明白，沟通是为了解决问题，应该把沟通放在有无效果，而不是对与错的争论中。

夫妻间，让对方收到你想表达的信息才是沟通的真正意义

有些时候，我们很是郁闷，为对方不能够理解我们而感到郁闷。在赵本山小品中有一个流行语“你猜”，夫妻间经常出现这种沟通模式，希望对方能够猜到自己的想法、用意以及含混不清的表达。单纯地认为，只要用心，只要是对自己够关心，绝对能够猜到自己的想法。事实上，在这样的沟通模式中，自己想表达的信息，对方在接收过程中是受到阻断的，所以很多女人就会说“真不知道你们男人在想什么”，很多男人会说“女人心，海底针”。

自己说什么不重要，对方听到什么才重要

很多子女对父母的评价是唠叨，很多老公对老婆有着同样的评价。“唠唠叨叨的烦死了”，这句话很多男人都说过，也许嘴上没说，心里也大概是说过的。我们不去探讨生活在唠叨中的那些男人有什么感受，我们更想探讨的是，那些唠叨的语言，男人们到底听进去了多少。照顾情感地听，至少有很多是“左耳进右耳出”。也就是说女人的苦口婆心多半是没有被对方听到，也可以理解为唠叨了半天对方根本就没听进去。当然唠叨也不会起到什么作用，既然没用，你还要继续唠叨吗？

沟通效果不单单是说什么

就沟通的效果而言，声调和身体语言比语言本身更有用。“老公，你怎么才回来”，这是一句话。现在你试着用不同的音调并结合身体语言来说一下这句话。首先用高调配合叉腰肢体语言说一遍，像不像摆出了打架的架势？现在用低调慢速配合扭动身躯的肢体语言再说一遍，像不像在撒娇？（画幅漫画）对于对方来说，不仅仅会听到你所说的话，更能感受到你话中的喜怒哀乐，同时也将你原本连自己都没有注意到的肢体语言深深地刻到自己的心里。

婚姻中意识不到的更多

潜意识层面的沟通信息的发出与接收比意识层面的大得多。心理学中的冰山理论，说的是人的大脑就像一座漂浮在水中的冰山，露在水面外的就是意识，在水面下的就是潜意识，意识与潜意识大约比例是1∶9。意识是我们能够感知到的部分，实际上只是很少的一部分，潜意识是我们不可感知的部分，但是对我们的行为、语言、判断、决策有着强大的影响。同样，沟通的信息也不例外，无论是发出或者是接收，潜意识都比意识层面要多，也就是说，我们自己不知道的行为比意识到的行为还要多。

怎么说改变听

说话的效果由讲者控制，但是由听者决定，改变说的方法，才有机会改变听的效果。在夫妻交流中，有些时候，我们老是觉得很难沟通，总是觉得对方不能领会自己的意思，沟通起来很是郁闷，以至于都懒得沟通了，最终形成恶性循环，越不沟通越难沟通，严重的情况是，最后甚至无奈地放弃多年的感情，选择了离婚。难以沟通，回过头看，就是因为我们沟通的方式方法出了问题。我们可以决定说什么，但说的效果却是对方决定的，如果你感觉难以沟通，那就改变说话的方法，方法变了，说话的效果才会改变。在这里我们需要掌握一个原则，沟通时，尽量做到让对方的答案是正面的。比如说答案中带有的词语“好的”“是”等多一些，这样夫妻沟通整体感觉就是和谐的。如果对方在回答时候，负面或者是反面的词语频繁出现时，那这样的沟通整体感觉就是不和谐的。比如说，丈夫出门时忘记关灯了，妻子下班时回家看见灯整整开了一天，觉得很浪费，等丈夫回来后应该沟通一下，以免频繁发生，“老公，你为什么出门的时候不关灯?”，如果妻子这样跟丈夫沟通，试想丈夫该如何回答？丈夫想来想去，为什么呢，挺难回答，基本算是没办法回答，只能说“忘了”。如果妻子换成“老公，以后出门的时候记得关灯。”老公的回答是什么？“好的”。前者的沟通方式很容易激发双方情绪，而后者更利于解决问题。

夫妻沟通成功的先决条件是和谐气氛

创造和谐的气氛是成功沟通的第一步，我们可以回忆一下以前经历的沟通场景，最好是一些成功的沟通和一些失败的沟通进行比较，你会发现成功的沟通一定是在和谐的气氛中完成的，和谐的气氛更容易让沟通有效果。

前提假设六：重复旧的做法，只会得到旧的结果

如想要不同的婚姻结果，就要有与以前不同的做法

希望明天比昨天更好，必须用与昨天不同的做法。在不和谐的婚姻关系中，我们多么希望我们是幸福的。我们想要幸福的婚姻，是否想过我们也要做出不同于以往的交往方式，因为如果我们老是重复以前的做法，得到的一定还是跟以前一样的结果。不是我们不会幸福，是我们不敢做出跟以前不一样的做法。也就是说，如果我们做法不同于以前，我们的婚姻关系就会不同于从前。

如果你所做的对婚姻没有效果，那就改变你的做法，任何新的做法都比旧的多一分让婚姻幸福的机会

也许我们在婚姻的路上遇到了坎坷，但我们最不应该的抉择就是放弃，放弃了就真的没机会了，我们可以试着用一些新的方法来改善，新方法也可能没有效果，但至少是有改善的可能性。有可能有希望，有希望的婚姻本身就是幸福的。

改变自己，别人才有可能改变

再一次提到，改变自己，如果可以，我倒是愿意不厌其烦。因为改变自己是本书最为核心的观点，如果你现在有了改变自己的意识，有了改变自己的决心，有了改变自己的策略，那其他的章节都可以选择不去理会。请牢记，改变自己，对方才有可能改变，自己的婚姻便会得到改善，才会幸福。

婚姻中每种事物本来就都在不停地改变中，不肯改变，矛盾就会越来越多，甚至受到婚姻不幸的威胁

事实上，从结婚前到现在，每种事物都在不停地改变。比如，我们在慢慢地变老，不再有少女时的美貌优势，“爱情荷尔蒙”也在随着时间发生着变换，我们的生理机能衰老导致的性冷淡，天天在一起造成的视觉疲劳等，变化最慢的就是我们那颗希望幸福的心，它赶不上变化的速度，终究会受到伤害。我们的心只有不断地适应改变并及时作出调整，才能与其他事物保持理想的关系，从而让我们的婚姻幸福长久。

改变是不幸婚姻幸福的起点

很多处在不幸婚姻关系中的人们，总是纠结于不幸婚姻的本身，这样就会感知不到对方的好，为自己的不幸痛苦而悲观，有时会幻想自己是幸福的，在幻想与现实的比较下，身心疲惫。改变，象征着重新开始；改变，象征放下不幸，重新开始追求幸福。

放下全部过去对他（她）的认识，重新认识或许可以豁然开朗

从开始到现在，我们对爱人的认识已经进入了思维机械化，如果你认为爱人是虚伪的，他所做的任何事情在你那里都会被扣上虚伪的帽子，即便事实不是你所认为的那样。放下过去的认识，也许你会发现原来他（她）还是你曾经深爱着的他（她）。

前提假设七：凡事必有至少三个解决方法

陷入婚姻困境的人，就是处理夫妻关系只有一个做法，因为别无选择

不仅仅是婚姻关系，对任何一件事情都是同样的道理，只有一种做法时，就会将自己陷入恐慌之中，我们经常听到“死路一条”这个词语，对待一种事情只有一种方法，可以称之为“一根筋”。在夫妻沟通中我们也没少听对方评价我们，“你这个人怎么就这么一根筋呢?”一种方法象征着我们不够灵活，说得严重一点应该是能力不够，只能用一种方法来应对，别无选择。在生活中有很多人处理关系时只有一种方法。什么情况可以意识到我们处理问题只有一种方法呢？就是我们听到对方对我们说“你就知道什么什么”的时候。这个时候我们就要思考，是否自己真的如同对方所说就知道那样呢。比如说，“你就知道哭”“你就知道不说话”“你就知道骂人”“你就知道叹气”等，只有经常出现，才会给对方留下如此印象，也说明这就是我们处理事情惯用的方法。

有两个做法的人也会陷入婚姻困境，因为这给自己制造了左右为难。

如果我们陷入这样不行那样也不行的局面时，说明我们正面对抉择的困扰。

2009 年，一个从未谋面的女孩托朋友帮忙，希望我能够帮助她。我同意电话帮助后，她打来了电话。我接通电话后，首先传来了撕心裂肺的痛哭，那种哭，瞬间让我对这个没有见过面的女孩产生了同情，我能感受到，只有遇到了绝望的人才会如此。在一个半小时的通话中，她基本上是哭着跟我沟通的。她说自己快疯了，不知道该怎么办了。与这个女孩同居三年的男友在外面找了新的女朋友，并向她提出了分手。她告诉我现在只有两条路，第一条路就是分手，但分手以后自己都不知道怎么活，因为和男友同居三年来自己就没有工作过，一直都是过着无忧无虑的生活，现在让自己出去工作真的不知道如何面对社会，真的不知道自己还能干什么，用她的话说就是“在外面都不知道是怎么饿死的”。第二条路就是选择坚决不分手，但是经过自己试了一两次以后，她发现男朋友是铁了心要分手，甚至当着她的面跟那个女孩在电话里卿卿我我，他们打电话时她发出一点声音都要招来男友的拳脚相加，她知道不分手自己也会被折磨死。形成了分手也是“死”，不分手还是“死”的局面。

有了第三或者三种以上做法的人，才会游刃有余

继续上述那个女孩的故事。得知她面临左右为难的困局时，我记得问过她一个问题“除了你说的这两条路，还有没有第三条路?”在我的引导下，她开始思考，思考是否有其他可行的方法。最终除她开始所说的两条路，又列出了三个方案，在三个新的方案中她决定先选择一个去执行。电话结束时，给我传递的感觉是，她好像有了“重生”的希望，在无法改变的事实面前，她发出了难得的笑声。她选择首先尝试的方案是（她内心想挽回这段感情）：不分手，自己先离开一段时间，让男朋友跟那个女孩交往，半年期限，如果男朋友到时还是选择那个女孩，自己愿意彻底退出成全他们，但有一个条件，就是在这半年的时间里，男朋友必须每个月给她3000元生活费。男朋友高兴地答应了她提出的方案（女孩选择的这个方案，比前两个方案都有优势，既然事情已经发生，自己也想挽回这段感情，那就给男友半年的时间，如果只是一时激情半年也会“熄火”了，男友自然会回心转意。如果真的是并不相爱，阻拦也将是无济于事。另外有了每月3000元的生活保障，这可以让自己在这半年里去重新适应社会，学会养活自己的技能，即便分手了，也不会让自己不能自立）。现在看来，她当时的这个方案是正确的。还不到三个月，男朋友就回心转意了，同时她自己在接触社会后，发现其实没有自己想象的那么恐怖，她重新融入了社会，找回了信心。

选择多就是能力

方案越多，选择越多，有选择就是有能力。有选择总比没有选择好。而有选择其实就代表有能力，因为选择是由自己创造出来的。我们不要怪老天把自己逼上绝路，把自己逼上绝路的永远都是我们自己。老天难道就那么喜欢苦我们的心志吗？不是，老天喜欢苦所有人的心志，“苦其心志，劳其筋骨”就是在提升我们在竞争中的生存能力。所以遇到问题的时候，我们不妨多想一些方法，不要急于作决定，多几种选择总是一件好事情。

不要老说“没办法”

没有办法，只是说已知的办法都行不通。“没有办法”这个可怕的句子竟然成了很多人的口头禅，如果让“没有办法”经常对我们进行暗示，那我们势必陷入婚姻困境中。说“没有办法”这句话时，其实我们还没有想办法，想一想，是吗？想都还没有想，就说没有办法，你不觉得挺可笑的吗？尽量提醒自己不要说“没有办法”，遇到事情时，让自己静下来多想几种办法，让我们轻轻松松选择，游刃有余地应对。再加上我们本来的目标就是幸福婚姻，这样的策略下，让婚姻不和谐也不是一件容易的事。

经营婚姻时一定有很多我们过去没有想过，或者还未认识的方法

没有最好，只有更好。也许我们已经为能够拥有更加幸福的婚姻而不懈努力过，也许我们的努力并没有收到很好的效果，不过有一点是可以肯定的，只要我们不轻易放弃，幸福就会在不远的前方。不要放弃努力，因为放弃努力就相当于放弃了幸福，在经营的过程中，我们要相信一定还有我们过去没有想到过或者还没有认识的好方法，只有相信尚有未知的有效方法，才会有机会找到它并且让我们的婚姻更加幸福美满。

“总有办法”似乎更好些

“没有办法”使不幸画上句号，“总有办法”则使不幸有突破的可能。如果我们有不幸福的感觉时，“没有办法”将会让这种感觉持续，而“总有办法”则有扭转的可能性。“没有办法”对我们没有任何好处，应停止想它，“总有办法”对我们有好处，应坚持这样想。

在婚姻家庭中让自己成为第一个找出办法的人

除了要坚持“总有办法”的想法之外，我们必须还要努力成为家中第一个找出办法的人。也就是说，除了想还要付之于行动，目的就是让这种想法有效果，并且形成习惯。如果婚姻中我们能够一直抱着“总有办法”的心态，并且能够付诸行动，幸福离我们还会远吗？

前提假设八：每一个人都选择给自己最大利益的行为

婚姻中夫妻做任何事都是为了满足自己内心的需要

任何人做任何事，都是为了满足自己内心的需要，在婚姻中的我们也是这样，我们不能摆脱这个定律。随便想一件事，都是如此。

婚姻里的行为，同样有利益倾向

每个人的行为，在他的潜意识中，都是当时环境里最符合自己利益的做法。每次在公众面前提出这个观点的时候，总会有那么个别的人提出异议。记得在广州一次讲座结束后，一个二十五六岁的女孩找到我，说要与我讨论这个问题，她认为不是所有的人做所有的事都是为了自己利益。我让她举个例子。她说“比如在公交车上，上来一个老人，我给他让了座位，这种行为你能说是为了我个人的利益吗?”（正在阅读的你怎样认为呢？给老人让座是为了她自己的利益吗）是的，是为了自己的利益，为什么这样说呢？我们试想，她让座虽然是那个老人受益了，但是在当时的环境里，她也是符合自己利益的做法。假如她不让座，她会承受多大的心理压力，她会想“要是司机指明要自己让出座位时，那多丢人呀”“要是老人摔倒，自己都不知道被人如何指责”“老人那么可怜，自己那么年轻，从小就学过要尊老爱幼的”等等，当她站起来让出座位的一瞬间，马上觉得很轻松，也就是说，她站着比坐着在当时的环境下更舒服一些。在夫妻互动过程中也是如此，无论对方对你好还是不好，都是对他（她）最有利的选择。比如，一个变了心的男人，有时会故意对妻子不好，以刺激妻子与自己产生矛盾，最终达到自己离婚的目的。

婚姻中每个人每个行为的背后，都有对自己来说正面的动机

无论发生什么事，无论是选择如何相处，每个人在做每件事时都会有一个动机，而这个动机对自己来说都是正面的。婚姻中也是同样道理，无论我们的爱人做什么，他们都会有一个动机，而且对他们自己来说是正面的。了解和接受他们的正面动机，才容易引导他（她）改变他（她）的行为。警察在侦破案件时，都要找到犯罪分子的犯罪动机。因为动机是一个人做一件事的动力。也就是说，我们要了解对方的动力，才不会被事情本身所迷惑。有些时候事情表面跟动机是不一致的，比如，一个女人对一个男人表现得很冷漠，其实内心深处渴望得到该男子的追求。再比如，很多女人在老公出差的时候，都会无缘无故地发脾气，其实内心是担心老公有了外遇。在了解的基础上，如果能够接受对方的动机，便容易引导对方的行为。还是用老公出差老婆发脾气这个例子来对比一下，假设老公不了解老婆发脾气的动机，他一定会认为老婆是莫名其妙，无理取闹，接下来回应过去的便是不耐烦、烦躁、暴怒等。假设老公了解老婆发脾气的动机，他一定会试图表示清白，如果了解并且接受了发脾气的动机，大多会出现安慰、引导，而且在空闲或者是睡前会告诉老婆，她才是自己一生中最爱的女人。

动机是好的，行为不一定能达到效果

妈妈对孩子说“我都是为了你好”，可是孩子还是会叛逆。老婆对老公说“我都是为了我们俩的幸福”，可老公还是会反感老婆的行为。我们不能也不可以说妈妈、老婆居心叵测，但为了你好的初衷没有实现，为了两个人幸福的目的没有达到。也就是说，好的动机，不一定产生对的行为。反过来说，那些对的行为也不一定有好的动机，那些破坏别人家庭的第三者，经常做一些看似很对甚至让人感动的行为。当然也要提醒困惑于婚姻中的人们，你的动机虽然是好的，但你的行为也许是对方不能或者说是难以接受的，想用对方难以接受的方式来达到动机期望的结果，试问可能吗？所以我们经常得到的结果就是你说你的，他（她）做他（她）的，不仅你的行为毫无用处，还会引来排斥。

接受爱人的动机，爱人便会觉得我们接受他

一辈子的时间，不长也不短。两个人生活在一起，如果不能彼此接受，日子可想而知有多艰辛。只有在彼此接受对方的前提下，方可谈论什么是幸福。而接受对方，从根源上讲，关键是接受对方的动机，那样便是知心爱人。动机往往是在潜意识的层面，不容易明确地说出来。

如何找出行为背后的动机

简单一点就是问“希望由该行为得到的价值是什么？”可适用于自己，也可适用于他人。针对行为本身，其实我们自己都不太知道为什么会这样做，多问一问自己“我这样做能得到的价值是什么?”可以用来修正自己的行为或者可以找到更好的方法，毕竟条条大路通罗马。如果是要了解他人行为背后的动机，需要在和谐的环境中，确保他人没有防范之心。

前提假设九：每个人都具备使自己成功快乐的资源

我们具备快乐幸福的能力

想必我们都有过幸福快乐的经验，也就是说我们已有使自己幸福快乐的能力。试着回答一个问题，找出十个或者更多的理由：你现在为什么不幸福不快乐？如果可能的话，把十个以上的答案写下来。重新阅读写下的这些让我们不幸福不快乐的理由。有没有什么发现？难道你没有发现，让你不幸福不快乐的理由大多都是别人（外界）的原因吗？为什么是别人呢？难道我们自己没有原因吗？他们真的有义务时时刻刻想着我们是否幸福是否快乐吗？幸福快乐实际上我们自己具备了这种能力，想一想曾经的幸福时刻，再问一下自己当时是怎么办到的？那个存在于你的幸福瞬间的外部事物真的只有那个时候出现过吗？其实那些事物很多时候就在我们身边，是我们自己没有搜寻到，或者说是我们糟糕的心境把这些美好的事物忽略掉了。从理论上讲，如果你想幸福快乐，没有人可以阻止得了，除非你不想。如同企业中那些态度不好的员工，“我有能力做好这件事，但我就是不想做”，道理如出一辙。

我们可以凭改变思想去改变自己的情绪和行为，实现自己的幸福婚姻

人类只用了大脑能力的极少部分，提升大脑的运用效率，很多新的突破便会出现。现在已有大量运用大脑能力的技巧发展出来，人类比以前更容易把大脑效率提升。学习、拓展视野，可以让我们变得更有智慧。

家庭里每天遇到的事物，都有能给我们幸福快乐的因素，取舍全由个人决定

每天在家庭里都会发生很多事情，看似已经机械般的生活，每件事还是有不同。里面有丰富的可以让我们感觉到幸福快乐的因素，只是我们不一定愿意感知它。幸福在哪里？常言道“幸福就在我们身边”，看着小孩活泼可爱，老公任劳任怨，父母身体健康，你不觉得幸福吗？

在我们经验里所有事情，正面和负面的意义同时存在，自己决定着成为婚姻的绊脚石或踏脚石

任何一件事总有好的一面和不好的一面，选择好坏都是自己的决定。一位大学同学，从初中就养成了每天晚上睡前写日记的习惯。这应该算是个不错的习惯，结婚后他依旧保持着这个习惯。他妻子却经常因为这件事跟他吵架，原来他每天晚上上床前大把时间用在看电视、玩游戏上，等上床后才想起来“哎呀，今天还没写日记呢”，然后从床头拿出日记本开始窸窸窣窣地写起来，还经常写着写着发出笑声或者是唉声叹气（这哥儿们的确内心情感丰富）。妻子有时想跟他说句话，他也爱理不理的，全然不顾妻子的感受。因为实在受不了丈夫这种“潜心搞创作”，她选择了结束三年的婚姻。

这位兄台两年后再婚了，他依旧没有改掉这个习惯。我很想了解他现任妻子对这个习惯的反应，于是我以做客为名去他们家探个究竟。在谈论到这个话题的时候，他妻子显得很得意，她说："我老公有个特别好的习惯，睡前一定要写日记，第二天我一定会阅读他的日记，在我阅读半年多后，发现自己都学到了不少知识，也更加了解老公的内心世界，同时他自己的文采也进步神速，我估计连他们单位的领导都感觉出来了，这不马上就要给他提干了。"——愕然。也许当时这个结果跟我想象的出入太大，至今记忆犹新。同样一件事，不同人面对结果差距真是天壤之别，再次印证：所有事情，正面和负面的意义同时存在，自己决定着成为婚姻的绊脚石或踏脚石。

幸福快乐可以培养

幸福快乐的人所拥有行为能力都是经过一个过程培养出来的，在开始的时候，所有人所具备的条件都是一样的。培养让自己幸福快乐的能力，是能够幸福快乐的关键。

有能力替自己制造出婚姻困扰的人，也有能力替自己消除婚姻困扰

有些人就喜欢没事找事，而且找出来的事情往往都是极具智慧的，比如说，玩失踪。2006 年，有一个女同事，就跟她男朋友玩了一次失踪，好家伙，现在回想起来我都不大明白人家设计的步骤，反正当时觉得这不是一般智慧所能想出来的逻辑。记得最深刻的就是，她大概估算到男朋友什么时候会报警。当然我们一般人不会没事找事，但是我们的确是为自己制造了困惑，既然我们有能力给自己制造困惑，那就应该相信我们也有能力消除困惑。

自己不信有能力幸福或有可能幸福，是让自己得不到渴求中幸福的原因

正如我们在上面章节中所说，思维定式会让你所不信的事物变成现实。你相信自己没有能力幸福，不幸福将会变成现实；你不信自己有可能会幸福，幸福也不会来敲你的门。也就是说你不信自己会幸福，保证不会幸福。反过来，如果你相信自己会幸福或有可能幸福，幸福也许会亲近于你。听起来多么简单，只是一秒钟的事情，只是决定信与不信的区别，为何要让自己失去希望？

前提假设十：在任何一个系统里，最灵活的部分便是最能影响大局的部分

在婚姻家庭中做一个灵活的人

所谓的灵活就是遇到事情时有一个以上的选择，选择多便是能力。因此灵活的人便是有能力的人。灵活往往可以影响大局，什么是灵活？比如在工作中约见客户，在饭桌上，突然间一桌子人静悄悄的，很是尴尬，这个时候灵活的人便是第一个说话打破僵局的人，而不是一味地跟随众人沉默。等有这样的机会时，当你跟朋友一起吃饭的时候，突然有那么一个时间段里，突然没有了声音，这个时候你去观察谁是第一个开口说话的人，看看这个人在你眼里是否是一个优秀的人？往往都是如此。我们再深入地想想，在突然安静的情形下，第一个人开口说的话，就是接下来大家讨论的话题，对吗？针对销售来说，无疑多了一个让别人了解自己的机会。在家庭婚姻中也是一样的道理，要做一个善于打破僵局的人，那样就可以产生无形的影响力。灵活让我们减少行使自己内心世界的老一套，更多的是凭观察而运用环境所提供的其他条件，也就是说灵活的人更善于把握机会。

灵活的人更能适应多变的婚姻情感，更能接受他人

灵活不是代表聪明，如果非要用智商来考评，我宁愿把灵活形

容成有智慧，灵活便是大智慧。灵活的人知道自己在格局中的位置，不卑不亢；灵活的人知道自己在关系中的角色，不偏不倚。灵活的人知道接受他人，他们知道接受他人对自己发展有着重要意义。灵活的人更能适应环境，对多变的环境应对自如。作为婚姻中的一个成员，灵活就会促进婚姻美满。灵活是使事情有效果的重要因素，因此灵活是婚姻幸福的重要因素。

灵活是自信的表现

信心越不足，坚持某个模式的态度会越强硬。生活中经常有信心不足导致的强硬行为。比如妻子要求丈夫出差的时候，必须报告自己的行踪；下班必须回家；在外面吃饭时，只要有女性必须自己也在场；要求丈夫必须允许自己翻看他手机通信记录（所谓的忠心）；逛街时不许看美女等。这些都是不自信的表现，有些甚至发展到了发毒誓的地步。在河北遇到一个女孩，她老公就有一个对她的“原则性问题”，绝对不允许她的手机上出现三次以上他不认识的男士的通话记录。听这个女孩的朋友讲述，她老公经常因为女孩触犯“原则”而对她大打出手，每次都被丈夫打得鼻青脸肿，伤痕累累。我在想，在如今社交如此广泛，人们要为自己的发展尽可能多地结识人脉的社会背景下，异性交往在所难免，三次通话记录就能说明什么问题吗？不要说这个女孩本是洁身自好，即便她是水性杨花的女子，三次通话就能红杏出墙？我只能说如果用这种“原则”来预防疾病的形成，也许可以说是高明医生的作为，用来预防老婆出轨真是不敢恭维。这种“原则”背后折射的是这个男人的极度不自信，更不要谈什么灵活。男人是这样，女人也是如此，老公下班不回家一定会有问题吗？养家的责任随时可能让他背负金钱的压力，他不去适应别人的生活习惯，你让他如何积累资源发展事业，难道你想在家里关一颗失去斗志的孤独的心？放开他，是你的想逃都逃不了。再说，不一定下班准时回家就一定会没问题。我曾遇到过一个在深圳工作的香港男子，每天晚上下班都回香港，包括周六周日都在香港家里，可他在深圳也有一个“家”。

容许爱人有不同的意见，便是灵活

产生不同意见是必然的，我们提到过，每个人都有自己的信念系统，所以一定会有与你不同的意见产生。你如果不让不同意见产生，只有一种方法，那就是压迫，哪里有压迫哪里就有反抗。历史告诉我们，压迫维系的政权，终究会被推翻。同样压迫维系的情感，终究不会长久。

在婚姻中，固执使彼此紧张，灵活使彼此放松

在企业的会议上，尤其是进行重大决策时，很容易出现的一种情形就是，各持己见的双方争论得面红耳赤，其中主要原因就是固执，争论到最后已经忘记了会议的初衷，只是为了捍卫自己的观点（为面子），哪怕意识到自己的观点有瑕疵，也力争要“以理服人”。这种争论下往往出现紧张的会议气氛。这种固执，给企业带来的只能是时间成本的浪费，甚至影响决策的对错。婚姻中的固执也会让彼此关系变得紧张，最可悲的是很多人抱着自己的固执乐此不疲。在接受咨询的时候，遇到固执的人我都会直言不讳“你太固执了”，最让我吐血的是，听到我这样说，对方表现出得意扬扬的样子“嗯嗯，是的，我就是很固执”。在他们看来固执是一个很大的优点，可以想见，婚姻中这种把固执当优点发扬的人如何能拥有幸福快乐的婚姻？

灵活不代表放弃自己的立场

在这里我们大篇幅主张灵活，不是想让处于紧张关系中的人们放弃自己的立场，而是希望能够让这些困惑的人找出双赢的可能性。双方不同的立场反映着不同的需求，如果只照顾对方立场而放弃自己的观点，这就跟我们上文提到的“损己利人”行为模式一样了，容许对方立场的存在，只是把对方立场背后的需求列入我们行为考虑的重要因素，符合自己立场同时兼顾对方的需求而产生的策略便是双赢行为模式。

婚姻中的“明白了吗”句型

不仅仅是在婚姻中会出现这样的句型，在人与人交往沟通中都会经常出现。甲：“明白了吗?”乙：“明白了。”请问甲，乙明白什么了?如果明白了是否说明乙接受了你的观点?“明白”不代表接受，明白只代表清楚了，逻辑思维上理顺了。老婆：“你出差我很担心，所以你应该时时刻刻告诉我你的行踪，明白了吗?”老公：“明白了。”老公明白了老婆意思，但是乐意接受吗?出差是去工作，又不是去玩，要适应陌生环境，应对陌生的人际关系，还不能忘记老婆的“定位”，要我说，这不是添乱嘛。就算是接受了“定位”，希望老婆们也要清楚一点，这不代表他投降了，只能代表他顾及你的感受。

拜水为师

流动的水是我们学习灵活最好的老师。水很灵活，东边有口就走东边，西边有口就走西边。上善若水，同时威严可敬。我们应该拜水为师，来学习水灵活的智慧，很多学者把水赋予了品行，值得我们去细细品味。

灵活是自己作出改变；固执则是被逼作出改变

不知道什么时候，一句话成为很多人的口头禅，“世界上唯一不变的就是在变”。无论你是否愿意，变是永恒的，区别只是主动与被动之分。婚姻中的我们同样不会幸免，不是我们改变婚姻因素，就是婚姻因素改变我们。主动改变方可享受灵活的自如多样，被动只会无奈、狭隘。

前提假设十一：没有挫败，只有回应信息

婚姻挫败感

“我的婚姻是失败的”，我不太愿意听到这样的话。两个原因：一是从情感上同情说话者的无力感。二是理性上分析，说话者没有想要改变的意愿（这是最可怕的）。挫败只是指出过去的做法得不到预期的效果，是提示我们需要改变的信号，它只是提醒我们需要改变了，而不是已经把我们的婚姻进行了终极审判。挫败说明以前所用的方法不能够达成你所想要的，作出调整方可实现期望。上面我们已经说过，以前的方法只能得到以前的结果，改变方法是唯一能够得到期望的途径。应把焦点集中在如何调整上，而不是挫败本身上。

婚姻挫败感的矛盾

实际上有婚姻挫败感的人，内心是存在矛盾冲突的，因为他们没有离婚。挫败本身代表事情已经结束，只是在事情画上句号时才能用上，而这些人群内心却渴望得到幸福，欲想事情得以解决，也就是说内心里事情还没有结束，既然事情仍会继续下去，挫败两个字就不适用此人。所以我们可以说有婚姻挫败感的人群内心是矛盾的，内心矛盾的外在反应便是烦躁抑郁，开心将离他远去，戴着挫败的帽子处理婚姻关系，想必婚姻也没有多幸福。这些人是把错误的词语拿来对自己进行暗示，其实，导致这些人有挫败感的事情充其量也就是不顺利，而不是真正的挫败。

婚姻挫败的关注点

一个有婚姻挫败感的人，他所关注事情的焦点是时间，是过去时，抑或是说，挫败是把焦点放在过去的事情上。其实，纠结与过去的事情对自己渴望的幸福没有什么用处，毕竟幸福是未来的事，那我们为什么不把焦点放在未来呢？只有把焦点放在未来“怎样才能幸福”上，幸福才可能到来。为“怎样才能幸福”找方法，才是最重要的事，而不是沉寂在“为什么不幸福”上。一般情况，如果一个人对一件事情全身心关注，终究会找到答案。也就是如果我们关注“为什么不幸福”时，我们会找到很多不幸福的理由；如果我们关注“怎样才能幸福”，同样会找到获得幸福的很多方法。

婚姻挫败只是经验

即便是真正因为离婚带来的婚姻挫败感，也值得思考。首先挫败是指过去发生的事情，既然是过去发生的事情，那就是我们的经验，而经验往往是能够让我们提升人生的踏脚石，因为经验是能力的基础（能力来源于经验），也就是我们提升了能力，有能力就会自信，这样说，有过失败婚姻的人再婚后应该对婚姻的幸福更加自信。

婚姻里所有的学习，都是经由不断地修正而达到完善

多么希望所有读这本书的人不是走马观花，能够把本书当成是我们小学时候的课本，遇到自己觉得很有感触的观点或者段落用笔勾画下来，方便再次阅读的时候节省时间。何况针对婚姻这门课程，很多人也许用小学生来形容一点都不过分。我们并没有过目不忘的本领，重复是掌握的关键，在经营婚姻实践中不断重复不断修正，不敢说可以成为婚姻大师，成为一个懂婚姻的人还是非常靠谱的。

针对婚姻中一件事情的挫败，都只不过是学习经营婚姻过程里修正行动的其中一步

在我们学习经营婚姻的过程中，也免不了受到挫败的影响，挫败其实也是修正行为不可或缺的一步，把每次挫败带来的教训掌握了，每次便都成了学习。不愿意接受挫败的可能性，那我们便没有资格享有幸福的机会。从我们读书的经历中，我们就可以总结出很好的经验，无论你如何刻苦，错误总是不可避免。也许在经营婚姻中，尤其是开始一段时间，一定会遇到非你所愿的情形，希望不要因此而放弃，因为在我们终极目标（幸福）面前，那真的不算什么，再说那也是再正常不过的事情。

再次强调自信

婚姻中信心不足的人，潜意识总是在找“过不下去了”或者“我就是那个命”的借口，挫败二字便很容易冒出来，导致挫败的感觉。遇到一点小小的不顺利就想“过不下去了”；爱人一刻没有关心自己就联系到“我就是这个命”。这不是性格，而是不自信。

前提假设十二：动机和情绪总不会错，只是行为没有效果而已

动机在潜意识里，总是正面的

潜意识从来都不会有伤害自己的动机，在不知有其他做法的情况下，有时误以为可以通过某种行为满足某些需要。备受学者关注的婚姻中的一个现象，即老婆用拒绝性生活来惩罚老公的错误。在老婆的潜意识里，为了婚姻更幸福而试图改变老公身上缺点，而不知道用什么方法可行时，误认为拒绝性生活可以达到目的（在这个女性的潜意识里一定有一个“指示者”：她深信男人离不开性）。

情绪推动我们学习

如果我们产生了情绪，说明我们内在的平衡系统被打破，情绪是用来保护这种不平衡的内部状态，以免造成因不平衡而导致身体机能受到伤害。情绪同时是让我们在事情中学习。因为学到了，情绪便会消失，没有学到，同样的事情还会再来引发同样的情绪。所以情绪本是给我们的学习推动力。在婚姻中引发的情绪是我们学习经营婚姻的推动力。

我们接受爱人的动机和情绪，可以不接受他的行为

上文我们提到接受一个人的动机和情绪，便是接受那个人，那个人也会感觉出你对他的接受，因而能够让你去引导他作出改变。所以我们要接受爱人的动机和情绪。从自己而言，接受后会有什么好处呢？接受动机和情绪后，可以让我们做到对事不对人，这样即便我们不接受他（她）的行为也不会导致对方的抵触。不接受对方的行为，是因为没有效果，找出更好的做法，把它当作两人的共同目标，便能使两人有更好的沟通和密切的关系。不要因为对方的一次错误而否定他（她），因为任何一次行为都不等于一个人。

找出更好经营婚姻的方法可以追查动机背后的价值观

经营婚姻需要找出更好的方法，其中追寻自己及对方行为动机背后的价值观就是一条可靠的途径。

第九章
多为婚姻准备些保健品

保健品，顾名思义，是用来保健所用。如果生病了选用保健品自然很难达到疗效，如果只是为了保健，保健品的功能可能比治疗手段更加有效。一个人在没有生病的时候，是没有办法治疗的，但没生病不代表你就是健康的，没生病不代表你身体机能是完好的。多数人没有疾病，但处于亚健康，这个时候就可以选用保健品来进行保养，以求预防疾病的形成。婚姻也是同样的道理。本章给大家推荐几种婚姻“保健品”，也许你感觉不到效果，但它却在默默发挥着作用。

不要忘记巧克力

看过电影《浓情巧克力》吗？如果看过，你就更能理解巧克力对于爱情和性欲是多么美妙的催化剂。巧克力能刺激神经兴奋，迅速补充热量。更能对大脑的某一部分产生神秘的作用，让人感到愉快和幸福。对于相爱的人，还能够延长激情的时间，对婚姻来说毫无疑问是个好的保健品。

巧克力可以食用，但它的功能远远不是吃，而是蕴含了一种情感。送巧克力给爱人，就是一种“我爱你”的表达。多数时候我们不能也不会把“我爱你”挂在嘴边，用巧克力表达，就是一种让对方感知你是爱他（她）的。我们试想，如果一个不爱口头表达情感的男人，作为他的妻子其实是很“悲哀”的，总是摸不清自己的老公是不是真心爱自己，如果爱为什么从来不说呢？如果不爱感觉老公还是挺心疼自己的，徘徊在思考爱与不爱之间纠结着过日子，过一辈子的日子，可想而知。如果这位男人能够学会在恰当的时候，送给老婆巧克力，那她就不会纠结了。因为她很清楚老公送巧克力是代表爱自己。

研究发现巧克力含有一种“氨基苯”（PEA），前文说道，这是一种人们只有在热恋时才会分泌的化学物质，这种物质可以引起“爱情荷尔蒙”的波动，使人产生一种像坠入爱河一样的柔情蜜意。多么柔情的广告词：“我愿意是巧克力，溶化在你口中”。

在西方国家，自 15 世纪以来，巧克力就被视为激发性爱的营养食品，尤其是西班牙人，世代把它当作一种刺激性欲的药物。它是“情人节”能让情人们“性”福的最好礼物。有营养学家也以为，巧克力所含的成分能稳定神经并有助于刺激感官，让人们更期待两性之乐。

记得有一次，在山西太原讲完课以后，到会场旁边的士多店买饮料。听到售货员们在那里聊天：“今天真的好奇怪，那么多人买巧克力，我还以为是情人节呢。弄得我都没有了时间概念。”听到这样的话时，当时自己挺吃惊的，不是吃惊自己的课程有感染力，是吃惊原来在裹着一层厚厚外衣下的女人们心中，对“性福”的渴望是如此强烈。

还有一次跟一个朋友聊天，聊起了这个话题。他告诉我自己从不吃巧克力，我好像是巧克力推销员，跟他说巧克力是如何如何的好，最后我胜利了，因为在以后的一年时间里，每次我去他们家做客时，一定少不了巧克力的招待。而且他好像也学会了应用巧克力的技巧，弄得小两口那么甜蜜地在我面前依偎。

巧克力是婚姻关系的润滑剂，就像巧克力本身那么柔润，除了表达爱意与增进“性趣”，其实送巧克力最为主要的，还是这种行为可以为夫妻搭建一个沟通平台。夫妻之间情爱的沟通是必要的，可以让对方感知与别人沟通的感性区别，为了在生活中更好地应用，我们把这种情爱沟通称之为情爱沟通平台。也就是送巧克力可以给我们提供情爱沟通的平台，也许这个平台的时间不长，但总是增加彼此情感的时刻，我们还是应该好好把握。至少我们可以想到，如果没有送巧克力那个时间段，我们可以想想我们可能在干什么，聊小孩？聊隔壁？聊工作？还是聊外遇？这些理性的聊天不带任何的情感，对情感没有太多的好处，说不定遇到不一样的观点时，还会闹得不开心。

亲爱的朋友们，巧克力，送的不是巧克力，送的是幸福，送的是沟通平台。

恐怖片也会很甜蜜

看到这个标题的时候请不要吃惊，恐怖会给人带来不一样的感觉。还记得谈恋爱的时候，你们喜欢去哪里吗？黑咕隆咚的感觉还记得吗？心跳加快，能够听得到彼此的呼吸，总是想抓着对方手的感觉，如此的美妙，以至于你们现在都很难忘记那种情形。其实这不仅仅是因为在黑暗中人的胆子变大了或者是没那么害羞了，更多的是人们习惯了黑暗中的紧张感觉下希望寻求依靠促使的行为。以此推论，谈恋爱晚上比白天的效果要好一些。有些学者研究发现，在昏暗的情况下求婚比在明亮的情况下更容易达成。如果你认为，是不是同爱人晚上散步能增进感情，我个人认为可以这么看。晚上是美好的，对感情来说更是这样的。我一直在做一项关于性爱时间与离婚概率之间关系的研究，由于涉及个人隐私及有诸多不便，所以进展比较缓慢，不过等下一部书出版的时候，希望能够有个结果。到底那些喜欢在白天过夫妻生活的感情稳定，还是喜欢晚上过夫妻生活的感情更稳定，让我们拭目以待。

如果更进一步，把黑暗中的紧张升级为恐怖会有什么样的结果呢？我们经常听到患难兄弟，当然也听到过患难夫妻，在我们这里讨论的问题是，夫妻俩同时受到恐怖威胁而不是吃苦耐劳的辛苦劳作。有同时遇到恐怖威胁的夫妻，感情在出现危机时候更容易修复，一方面是因为特殊的经历会让人记忆深刻，危难时候形成对爱人的特殊情感是普通情感所不能比拟的。另一方面从生理的角度说，当人遇到危险的时候，过度紧张能够使得 PEA 的分泌水平提高。又是PEA，这种“爱情荷尔蒙”再次出现，这样我们就不难理解，为什么经历恐怖威胁后的夫妻，更加恩爱。也就是说如果是恋爱的情侣处在危险的时候，感情可能性会升温。还没有谈恋爱的男女，巧合地同时遇到危险的时候，产生可能彼此爱慕的可能性也很大，相信我们也是经常在电视上看到这样的情景。

生活中没有那么多恐怖的事情，也许我们一生都不会遇到那样的一幕。选择人为制造还是可以的，那就是看恐怖片或者是足以让人反胃的过山车游乐项目。看着那些从高空下来的年轻人，女孩哭笑撒娇地说下次再也不玩了，男孩抱着女孩安慰着“不怕，有我呢”，我们是否有一丝羡慕或者说是回忆起自己那些温馨的时刻。老夫老妻比较保守的还是看恐怖片，太刺激的心脏不一定受得了。

夫妻一起看鬼片，不错的想法。有些人看恐怖片都会上瘾，本人就是其中的一个。记得有一年我迷恋上了恐怖片，只要电影院放映恐怖类电影，我一定会光临。有时在电影院看完还不过瘾，自己又买光盘回家看，最后连卖盗版碟的那个兄弟都知道我要买什么。现在想起来也许就是分泌了所谓的PEA，不是我犯贱喜欢被吓，可能就是享受在“爱情荷尔蒙”中不能自拔，就如同谈恋爱的人不可自拔一样。像我这样沉迷于恐怖片的人并不占少数，那些貌似小巧柔弱的女孩子，听到恐怖片眼睛发亮的也是数不胜数。也许正在看这本书的你，也是一个恋恐情结的人吧。

或者你还没有结婚，也没有恋爱，没关系，可以约上你喜欢的人一起享受那种尖叫背后的柔情。如果是女孩，这实属一次“勾引”的好机会。如果是男孩，说不定可以创造“投怀送抱”的可能。身为恋爱婚姻中的你，难道近期没有跟自己的男友（女友）或者爱人去看一场恐怖电影吗？还记得吗？PEA会随着时间的推进而减缓乃至消失，把这项列入你的计划中，行动吧！

婚前约定给婚姻多一个沟通的平台

《婚前试爱》这部电影相信很多人都看过，我也瞄过几眼，没有深入地了解，我不敢在这里评论什么，只是电影片名的选用，还是很符合现代年轻人婚姻价值观的。“试”代表不确定，如果是确定了就不用试了；“试”代表了没信心，有信心就不用试了。越来越多的年轻人在婚姻危机的教育下，对坚贞不渝的爱情开始怀疑，对与子偕老的婚姻不再那么憧憬，面对爱情婚姻时内心多了一份不踏实。不踏实怎么办呢？来个约定吧。“这不好吧”，可能很多人会这样说，那我倒是想问“还有更好的办法吗?”。在上文我们提到过一个行为模式“损己利人”，如果你有担心，就不妨把担心的事先勇敢地表达出来，如果是默默的，以为别人应该知道你的心事，应该会按你的想法做出相配套的措施，你可能就犯了“损己利人”的模式错误，如果结果没有达到你的预期，你便会出现压抑的情绪。

婚前约定符合双赢模式，人们在互相交往或者是交易的时候，形成了一句常规双赢模式的语言，那就是“丑话说在前头”。

婚前约定相对于企业的制度，需要夫妻双方去遵守，对双方有行为上的指引作用。当然有了婚前约定会不会不犯错误，当然不是，错误肯定还是会犯的，就像企业规定上班不能迟到，还是会有人经常迟到。迟到了就得辞退这个员工吗？当然不会。同样，在婚前约定事项中，夫妻有人违反了规定，怎么办呢？这也是企业经常遇到的一个头痛的问题，不处罚吧，没有警示作用；处罚吧，员工心里会不高兴。怎么办呢？我个人认为，制度本身是一个工具，在企业中制度的运用是一种体现领导能力的重要指标。很多企业的管理者，把制度看成是硬性的指标，“公司制度就是这样的，没有办法”，这样企业结构里的员工可想而知有多么的压抑。而有些领导者，非常会应用制度，他们只把制度作为一个用来沟通的工具。我们举个例子简单地来说明一下：小王是一个化妆品工程师，负责公司产品配方的调配、研发等工作，是企业里产品部门一个很重要的角色。A 公司和 B 公司都规定九点半上班，不能迟到，迟到一分钟罚款 10 元。小王在 A 公司上班时，一次迟到了 10 分钟，其间没有任何人事主管与他沟通过，到了月底发工资的时候，小王发现他的工资被扣了 100 块钱，小王知道是因为自己这个月有一次迟到 10 分钟的罚款，小王也了解公司制度就是这样规定的，被罚没有什么怨言，但心里还是有那么一点点不舒服。小王到 B 公司上班后，同样的制度，有一次小王迟到了 10 分钟，其间也没有任何人与他沟通，到了月底发工资的时候，小王发现他的工资没有扣除 100 元，正在他心里嘀咕是不是忘了扣或者是……这时总经理叫他，“王工，请来一下”，进去以后，总经理开始说：“王工，你是咱们公司产品部门的核心人物之一，你的优良技能公司的同事是有目共睹的，但是你小子有时候要注意一下公司的制度，毕竟那是吸取了很多国际企业的管理经验，要相信科学管理才能让企业走向更好的发展，上个月你迟到了 10 分钟，本来按管理制度是要扣除 100 块钱的，人事主管向公司申请没有扣你的钱，希望你小子以后的表针拨快一点。”不同的形式，最后会在小王心里留下什么不同的认识呢？小王对 A 公司的认识，迟到是可以用钱解决的，以后自己再迟到的时候，很容易有“不就是罚几个钱嘛”这样的想法，可能当时公司处于争分夺秒的时期，可这跟他有什么关系。而对 B 公司小王的认识却有所不同，迟到后，公司的目的不是罚钱，是为了科学的管理，为了公司的发展才这样做的，既然我是公司的一员就要融入公司，跟公司的发展脚步一致。同样的制度，不同的应用，出现不同的结果，A 公司得到的是人的身体，而 B 公司得到的是人的心。

同样道理，我们设定了婚前约定后，有作用的不是这个约定本身，而是如何应用这个约定的能力。约定是为了婚姻幸福，而不是限制爱人行为，约定是为了得到爱人的心，而不是得到爱人的人。我们可以随意地约定自己和对方所担心的一切婚后可能出现的问题，但要把握的原则是，一定是双方都认可的，不能硬性规定，因为硬性规定也没有意义。

有了婚前约定，以后就又多了一个沟通的平台。没有婚前约定的夫妇们，现在能不能补上呢？当然可以，根据你们的情况来设定你们的约定吧。

婚姻信物见证了属于你们的幸福

女人基本上都很热衷于收到礼物。“是不是要送我礼物呀？”“记得给我带礼物哦”……听得男人的头都痛。女人到底想要什么礼物？什么礼物才能对婚姻有帮助？什么礼物才可以上升为信物？

女人对戒指情有独钟。戒指无疑算是公认的婚姻信物。

从什么时候戒指有了这么强大的公信力，查阅了一些资料，如“百度百科”就有相关描述，“资料表明，中国在距今 4000 多年前就已有人佩戴戒指。到秦汉时期，妇女佩戴戒指已很普遍。东汉时期，民间已将戒指作为定情之物，青年男女往往以赠送指环表达爱慕之情。到了唐代，戒指作为定情信物就更加盛行，并一直延续至今。”

相关文献记载，最早是在南北朝，戒指的这层文化意义形成。

隋唐时期，男女之间以相互馈赠指环来定情已成通例。

晚唐以后，“戒指是结婚的信物”的意义真正定型。

元明清时期，不但有了“戒指”一词的文字记载，而且“戒指”作为“婚姻的信物”的记载也越来越多。

信物是作为凭证的物件。具有实用、传情、契约、伦理等特点。爱情信物即是情侣之间爱情的凭证，婚姻信物便是夫妻之间婚姻的凭证，人类最早的爱情信物是一个苹果，那是在伊甸园里，亚当献给夏娃的。

现在，戒指依旧有着相同的含义。可惜的是，意义虽在，功能却形同虚设。除了作为婚姻的凭证之外，本身戒指含有触物生情的憧憬，而现在这种憧憬却显得单薄无力。看着手上的戒指，你会想起你们的幸福情景吗？不大想得起来，更多时候成了一种装饰和显摆，只是婚姻形式化的产物。

除了戒指，选用一个其他婚姻信物是有必要的。最好是能够赋予特殊意义，让双方看到就可以联想起些什么，用来延续幸福情感瞬间的感触。选用什么信物不重要，重要的是这样东西能够凝聚深刻难忘的情感。

选取信物时的原则：

易保存。选用信物一定要容易保存。曾经看过电视剧里有一个片段，一位父亲告诉孩子：“你只要拿着这半块饼，去找那个人，他只要是看到这半块饼，就会帮你，因为当年闹饥荒时，你爷爷用另半块饼救了那个人的命。”这也算是信物了，不过这样的信物是不靠谱的，明显不具保存性，要多么地小心保管才可以保存下来，可能隔上几天还得拿出来晒晒太阳。

两人都知道的特殊含义（别人可以不知道）。每次讲课时，我都会提到我手上的那块表，在别人眼里其实不值钱，也没有什么收藏价值，但对于我来说，没有一块表能够替代它在我心中的位置。每天晚上睡觉前，当我摘下表，我都会心存一种责任“我要让我妻子过幸福的好日子”。经常在没事的时候，我都会被手表上的时针拉到很多年前，在大脑中浮现那些画面，几乎每次都是“催泪弹”，一套被风沙吹得斑斑黑迹的纯白色的衣服，配上一双大约 8 厘米的高跟鞋，脚痛得只能一跳跳地赶着回程的大巴，脸上表情很丰富，除了累还有看到我后的坚强、幸福、踏实……（很难用语言形容）还有电梯里躲在角落里异样的眼神，从超市买下一份要两个人吃的快餐时的身影，冬月缩在薄薄被子下打哆嗦的身体，半夜被我拉起来学习时瞌睡的双眼……我怎能忘记，怎能忘记那些跟着我受过的苦，我没有胆量逃避，无论遇到什么困难。现在看着那块在当时来说“天价”的表，我只能对自己说“亲爱的，我会时刻让你觉得：嫁给我，你是幸福的”。（也许正在看书的你不能够了解到底这些对我来说有什么意义，但我现在已经情不自禁地双眼湿润了，在此我只是想说明，这块表对我来说就是一个特殊婚姻信物，只有我跟妻子能够体会其中的情感，它对我们的婚姻幸福有着积极的促进作用）。

如果你打算选择一个信物，在这里有一个提醒。选择一样能够代表特殊阶段情感的实物后，并没有结束，我们还必须做一件很重要的事情，那就是不断地重复加强它赋予的意义。什么意思呢？为什么我的手表能够让我经常回忆起以前的片段，很重要的一个原因就是，我们会经常看着手表一起回忆那段经历，每次回忆都会进入高度一致的感性认同。

不可小视的“道歉卡”

“世界上没有后悔药卖”，这句话我们经常听到，我们的所作所为没有重来的机会。所以提醒我们，无论是工作中还是生活中，每件事都是现场直播，没有彩排，让我们三思而后行。事实上在生活中，尤其是夫妻互动交流中，我们不可避免地对自己的行为及语言而后悔，甚至可以用时常来形容。我们经常事情过后才后悔自己不应该那样跟丈夫（妻子）说话，不应该那样做。几乎所有的夫妻交往中都会是这样，关键是事后如何面对，也许这才是本质上的区别。

例如：妻子在外人面前没给老公留面子，导致不欢而散（我们讨论的前提是妻子认识到自己这样做是错误的）。

生活中难免会遇到这样的情形。这种情形下，妻子事后表现一般有三种态度：一是知道错了但不想道歉，属于“病入膏肓”型。二是知道错了，想道歉但是碍于面子而没有道歉，属于“有病不看”型。三是知道错了，事后道歉，属于健康型。

在这里我们提倡第三种态度，也就是知道错了，就要道歉。道歉可以把结果定格在事件的本身，不会让对方联想到人品或者是修养，导致对人的不认可。如果你是健康型，请给自己鼓掌，道歉本身就是一种勇气，代表了你的正能量十足，是一个能量强大的人，值得表扬一下自己。

如果你是“有病不看”型，也就是为了面子而不道歉，那“道歉卡”无疑是你最好的选择。道歉一定要真诚，“道歉卡”上不要描述事情的经过，更不能出现不给老公留面子的理由，可以简单描述一下当时自己的心情（轻描淡写，不易宜多），只要真诚地道歉，请求老公的原谅即可。

如果不幸你是“病入膏肓”型，明明知道错了不想道歉，“道歉卡”也许是解救你脱离苦海的一叶小舟，在这里我们一定要认识一个原则，自己的错误让别人承担痛苦是自私的。不要用“我就是这样的人”来安慰自己，不要否认“我就是这样的人”只是用强硬的外表来包裹自己脆弱的心灵，是怕受到伤害吗？就算是包裹得固若金汤，那又如何呢？心灵还是那么的脆弱。试着道歉，也许可以得到你从未感受过的回报。要问我那是一种什么感觉，美妙吗？自己试试吧，很美妙。可以从“道歉卡”入手，一步步强大自己的心灵。

当然我们可以把“道歉卡”的用途再拓展一下。比如我们经常使用的“温馨提醒卡”，在你出门的时候给还在熟睡中的爱人留一张卡片，上面写着“老公，饭在锅里，记得吃哦”，这个比打个电话或者发个短信来得更加有情调（我就有这样的感受，如果老婆用电话提醒我要做的事，我只是想要做事情的本身。如果我看到的是提醒卡，总会有种很温馨的感觉，还会联想到她出门时候给我写这个卡片时匆忙的身影）。

我们也可以做成“鼓励卡”，当老公很早出门了，走在路上，一摸口袋，里面有张心形卡片，上面写着“老公，在我心里，你是最棒的，加油老公，爱你的老婆”，是个男人看到这个卡片都会有所感触，你说呢？

我们还可以把它做成“发泄卡”，“臭老公，臭老公，臭老公，骂完好多啦，你今天那样说话，我真的挺伤心的，不过算啦，谁让我是小女人呢，不跟你一般见识。”

如果你愿意思考，还可以做出很多有意思的小卡片。

建立沟通备忘录

几乎所有人都知道，夫妻之间要多沟通。沟通几乎成了解决矛盾、隔阂等所有问题的方法。既然沟通如此重要，为什么那么多对夫妻不沟通呢？甚至将冷战进行到底，难道他们不想把婚姻维系下去吗？如果不是，为什么不选择离婚呢？既然不是，那是什么原因让他们不沟通呢？我们听到较多的在夫妻间出现的话“跟你没办法沟通”。也许理解了这句话，可能就能够建立沟通平台了。

“跟你没办法沟通”有以下几层含义：一是带有情绪；二是想沟通但没方法；三是曾经尝试过沟通，但是没有成功；四是象征着不能解决问题。

带有情绪说明当下不适合沟通，良好的沟通需要营造和谐的环境，带有情绪的沟通只能让问题变得更加糟糕，那索性就暂时不沟通，等条件成熟再沟通不失为更好的选择。

想沟通但没方法。凡事都有三种以上的解决方法，不是没有，只是还没找到，如果现在有一个好的方法，你是否愿意沟通。答案是肯定的，所以没方法只是没想到而已。

曾经尝试过沟通，但没成功。过去不等于未来，以前没成功，不代表将来也不会成功。相信可以成功沟通是成功沟通的前提。潜意识告诉人们，你认为什么，它都会当真。你认为不能沟通，潜意识就相信不可沟通，你认为可以沟通，它就相信可以沟通。

不能解决问题。这都不是我们想得到的结果，既然想解决问题，那必须要沟通。

如果这样分解，问题看似简单多了。如果这样分解是没问题的，那我们就一起来设定一个沟通策略——沟通备忘录。

沟通备忘录是指要记录需要沟通、但没有沟通或者当下不能成功沟通的事项。一个星期翻阅一次备忘录。在双方一致认可的时间进行沟通，沟通前使用下面的沟通表。

沟通表	
沟通时间	
沟通事项	
是否没有情绪（答案必须是肯定）	
环境是否和谐（答案必须是肯定）	
解决目标	
是否相信可以沟通解决（答案必须是肯定）	
是否愿意为解决问题找更多方法（答案必须是肯定）	
是否保证沟通过程中没有情绪（答案必须肯定）	
如果沟通成功，是否愿意接个吻（最好肯定）	

沟通备忘录可以用手机上的备忘，最好是夫妻协商后，专门为有效沟通建立一个专属笔记本，这样就可以把沟通放在一个平台上，不至于没有重视根基。同时也更有意义，如果你足够重视这个平台，也可以对平台进行“装修”，比如说，可以选用较好的笔记本，让它看起来很美观、很正式。除了沟通事项的记录以外，还可以定奖励制度（如，每月完成沟通目标的达成率 80%，即可给老婆存 1000 元美容基金，给老公存 1000 元“鬼混”基金，当然这也需要沟通而定）；还可以把沟通事项进行分类，定出重要紧急、重要不紧急等，以方便优先排序，不会耽误沟通最佳时机。

夫妻间能够建立起沟通平台，沟通就会成了理所应当，不至于因为面子、情绪等因素把事情放置而产生对婚姻关系不利的影响。在接受个人婚姻咨询中，我都会把沟通备忘录推荐给他们。事实上，沟通备忘录也对他们起到了很大的作用。

爱的味道有时也会让你回心转意

女人如花，那么芬芳便是韵味十足的女人味。它似乎只是一种感觉，存在于男人脑海中，如诗如画，似幻似真。每个女人都有着独特的味道，或淡或浓，或热烈，或优雅。有些女人味被大多数男人热衷，造就“万人迷”一样的传奇；而有些女人味，只有懂她的男人才会欣赏，或许很不起眼，但却卓尔不群，美得独特。就像人们看美景，很多人喜欢名胜，而真正会欣赏的人，却会找到独属他的意境。

事实上，男人对女人味的感受源于三个层次的作用：一是直接用嗅觉感知女人身体的气味；二是个人气质带来的心里感觉；三是两者结合的感觉，这个层面的女人味更像一道道风景：有小桥流水，有茫茫草原，有一望无际的大海，有万山红遍的秋意……

布鲁塞尔一家研究机构曾做过一次人体气味测试。他们邀请了 10 个国家的女性，首先让她们用特制的肥皂进行擦洗，消除体味，然后令其运动出汗，接着再用仪器探测。结果发现，女性身体不仅带有香味，而且因国家和地区的不同，各国女性的体香也不相同，比如法国女性有酷香味，英国女性有藕香味，中国女性有檀香味，瑞士女性有木槿香，而美国女性则是藻香味，不一而足。

为什么女性会散发出体香？其形成的原因有二：一是性香成因，即人体蕴藏和释放自身的性香，这种性香是女性体内雌二醇酮作用的结果，且只有到了青春期，异性才会明显地感觉到。二是丁酯酸成因，丁酯酸存在于人体分泌的汗液中，但只有在健康的状态下，丁酯酸的浓度才会适中，使女性发出别具魅力的体香。

众所周知，性别平衡使我们的世界和谐，而这一点在体味上得到客观的印证。

在澳大利亚的一次南极科考中，十余名科研人员似乎都患上了一种怪病，他们彻夜难眠，整日昏昏沉沉，精神相当萎靡，用了药也无济于事，有的人甚至还患上了严重的健忘症。堪培拉大学的一位博士前往调查后，很快得出结论：这种现象源于性别比例严重失调，是异性气味匮乏的结果。在他的建议下，4 名女医生被派往南极协助工作，问题很快得到改善。

德国科学家进一步发现，气味能广泛地影响人们的互动。他们先让一组人洗澡，然后给每人发一件足球衫过夜，最后让参加试验的另一组人来嗅这些衣服。结果那些有遗传缺陷的人穿过的足球衫，几乎无人乐意接受。类似的实验一再证明，让人喜闻乐见的体香源于健康的体魄。

美国行为科学研究杂志《动物行为学》曾发表捷克科学家的一项最新研究，他们的研究成果显示：女人生理周期会导致体味发生变化。参与这项研究的捷克布拉格查尔斯大学的人类学专家杨·哈夫利切克发现，女性在处于卵泡期时，身上散发出来的体味最淡，也最让人着迷。生理周期一旦紊乱，女性的体味便会急转直下，如月经期出现异味，甚至加重口臭、狐臭。

如此看来，保养身体也是从态度上对婚姻负责任。事实上夫妻间会习惯相互的体味。当男人钻进其他女人被窝的时候，随之而来的是新鲜而陌生的味道，这不能不让他与自己熟悉的味道进行比较，哪个更加诱人或许会影响他的偏好。

除了本身的女人味、男人味，还可以通过人为制造一些物理性的味道，比如香水、精油。也许你会说：“这些东西我在用呀，没看到有什么作用”。看了下面这个案例，也许你会觉得必要。

一次在南京讲座后，听一位男士分享“香味的诱惑”，柠檬香味让他回心转意。他在整个讲述过程中都是微笑的，能够感到他很享受那个经历，同时也说明回心转意是没有错的，至少让我感觉他很享受现在的生活。他与妻子谈了长达五年的恋爱，婚前两个人除了没有拿证件，基本就算进入同结婚一样的家庭生活了。柴米油盐的琐碎随着时间一样磨灭了他们的激情，很快男的又在常州认识了一个女孩，而且在没有跟女友分手就偷偷同居在一起了（异地，男子工作需要南京常州两地跑），不久便跟南京的女朋友分手了。有一件事情引起了他的注意，在换衣服时他发现，在南京每次换衣服总是有种淡淡的柠檬香，而在常州却没有这种味道。他一度以为是洗衣液的问题，还特意到超市找带有柠檬香型的洗衣液，可换衣服的时候还是觉得找不到那种自己根本没有关注过的香味，那种香味似乎带有什么魔力，让他很怀念，因此而回想起前女友，回想起他们五年恋爱中的点点滴滴。他突然觉得自己辜负了前女友，最后他决定跟现在的女朋友分手，重新追前女友。得到前女友的原谅后，他们终成眷属，走进了婚姻的殿堂。后来他得知原来妻子每次洗衣服时，都会在洗衣机里滴几滴柠檬精油，所以每次穿衣服时都会有种淡淡的柠檬香。正是这种香成了熟悉的味道，也许也正是这种香，让一个谜情的男子回心转意。留恋这样的香，就如同留恋小时候妈妈做的饭，每次遇到都是那么亲切，那是一种什么香，也许是爱的味道吧。

夫妻也需要偶尔开房

每次讲《婚姻困惑解码》课程时，总有那么几个点，会让下面的听众笑得前仰后合。记得在广州黄埔的那次演讲，我谈到“夫妻也需要偶尔开房”时，下面的听众哄堂大笑（在当时的语言环境中催生的）。其中一个二十六七的女孩，笑声竟然夸张到吸引了全场的目光，我好奇地走到她身边想一探究竟，没想到她笑得太投入，竟然对已经站在她身边的我浑然不知，抬起头看到我还吓了一跳。我问她：“美女，你为什么这么开心，是不是刚刚开过房?”这下好了，她更是笑得上气不接下气。从他们的反应可以得知，他们认为我只是幽默一下，或者只是在开玩笑，事实上我是认真并且很严肃的。

我们的生活已经机械化了，性生活也机械化了，几乎是固定的时间，固定的地点，固定的开场，固定的姿势，连“收尾工作”都是固定的，请问何来激情？怪不得很多女人把性生活形容成“应付差事”或者是“完成义务”。

偶尔变换一下地点，找一个环境幽雅有情调的酒店，在新鲜感的刺激下势必可以找到久违的激情。这就如同当一排白色球体在眼前流过时，突然出现的唯一一颗红色的球那么让人记忆深刻。

人们忘记一件事好像比想起一件事要更难一些，要不我们怎么经常听到“难忘”，而不太听到“难想”。“难忘”尤其多出现在形容情感上，看那些流行歌“忘”得真叫个撕心裂肺。给自己的婚姻多留下些难以忘怀的事情，在漫漫婚姻路上也算是车窗外让自己忍不住回头流连的一闪而过的风景。

多给婚姻生活创造一些小惊喜

“惊喜”不是“欢喜”，欢喜可能随时可得，而惊喜不同寻常，先惊后喜，往往有突发性。婚姻中惊喜，尤其是经过精心策划的更具浪漫色彩，实属难得。所以把惊喜的事件记录并放大运用是很有必要的。

首先我们要人为降低自己的惊喜阈值。有很多人惊喜阈值很高，本来挺应该惊喜的事，他（她）却只是淡淡一笑了之，那样对方就是想给你惊喜，都不知道如何达到，或者超出了他（她）的能力范围，几次努力没有效果，难免放弃。也就是我们本不惊喜，要装惊喜，当然要把握一个度，这个度的把握，有一个遵循点：推测对方是否用心策划，希望你开心。如果是，那就可以装作惊喜。

惊喜一旦出现，事后要立刻记录在一张小纸条上，把纸条叠成小方块形状，在房间里找个适合贴的地方，用小贴纸把它贴压在下面，从外面最好是不大看得出里面压了纸条，权当是一个小装饰，是因为怕家中有父母或者经常有客人来发现，因为这是你们两人之间的秘密。

好，马上我们来模拟一下。

现在你得到了一个惊喜，惊喜过后，你要怎么做呢？没错，把这件事记录在一张小纸条上，把纸条叠成小方块形状，用小贴纸把它贴压在下面贴到洗手间镜子边上。然后要做什么呢？告诉爱人“这下面有个秘密，不要偷看哦！”你猜，爱人会偷看吗？当爱人得知写的内容后，他（她）会觉得所有的付出都值得，因为得到了回报。

第二次惊喜出现，你又在卧室的镜子边上贴了一个，再次告诉爱人：“我又多了一个秘密，不要偷看哦!”

就这样经过三五次，这种惊喜贴纸就成为你们两个人之间惊喜记录模式的“秘密”了，它开始起作用了，当你再次贴在较醒目的地方，即使你没告诉他（她），他（她）也会“偷看”。这就跟赚钱一样，再多也不觉得多，所以对方会关心贴纸的数量变化，希望它变多，如果是有机会创造惊喜，他（她）便不会轻易放过机会，这不正是你所希望的吗?

经过一段时间，你们房间里到处都是小贴纸，到处都是惊喜。

后　记

幸福不是礼物，谁也给不了你

你幸福吗？当我们被人问起时，我们都会机械地回答“还行”；当问我们“你觉得什么是幸福？”我们经常不知该如何回答。人们对幸福的认识都是不同的，每个人都有自己认为的幸福。幸福是自己认为的一种情感反应，没有固定的标准。婚姻的幸福感也遵循这样的逻辑，我们经常遇到在别人眼里认为很幸福的夫妻，他们却觉得自己生活在水深火热中。

婚姻幸福感有没有特征？有。

1. 幸福不是完美

如果你认为完美才是幸福的，那你不可能幸福，因为没有完美。不知道为什么就有那么一些人，很是自豪地告诉自己和别人：“我是一个追求完美的人。”如果放在婚姻中用这句话，那和追求不幸福有什么不同？

在现实生活中，每个人的生活都是不完美的，因为我们的内驱力就是不平衡的。为什么有些人觉得婚姻幸福，而有些人觉得不幸福呢？第一个原因便是，关注点。关注让你幸福的细节，你总体就是幸福的；关注让你不幸福的事物，总体来说你便不太幸福。我们应该发现身边能够让自己幸福的元素，放大并感受它，也许我们会发现其实自己是“身处福中”。

2. 幸福是比较的结果

我上高中时，有一个读技校的同乡，参加同学聚会，酒喝得不省人事。第二天早上醒来发现，自己睡在地上，一只脚竟然搭在取暖用的电炉子上烤煳了。送到医院，只能截肢，因为当时有骨髓炎的缘故，从大腿根硬生生地把一条腿锯了。一个活蹦乱跳的小伙子，一夜之间少了一条腿，连我听到后都接受不了，更何况是他本人。手术结束后，他就选择了自杀。幸运的是，他再度被抢救了过来。医生推着他转了几个病房，他内心发生了变化。他看到的都是少了胳膊少了腿的病人，很多还少了不止一个。用他的话说："那些人里面，我还算是缺得少的。"

婚姻幸福感同样如此，看我们跟谁比较。人生不如意之事十有八九，在我们羡慕别人幸福的时候，其实很多人也在羡慕我们的幸福。

3. 幸福是一种能力

幸福不是环境给我们的，而是我们自己去创造和感知的。在结婚的时候，我们就以第一个错误开始了我们的婚姻，那个错误就是男人对女人说"我会给你幸福"。幸福不是礼物，别人不可以送给我们，我们不能从他人那里获得。与其说"我会给你幸福"，还不如说"你会幸福"。幸福要靠自己，幸福的人都是有能力的人，因为他们让自己变得幸福，他们发现感知身边的幸福元素，他们创造出了幸福的条件。

我时刻告诉自己"我是幸福的"。在此我也告诉你"你也是幸福的"。

The end